Este diario
pertenece a

....

Mi diario de estudio BÍBLICO

180 lecturas bíblicas inspiradoras para mujeres

Donna K. Maltese

CASA PROMESA
Una división de Barbour Publishing, Inc.

Mi diario de estudio bíblico

ISBN: 978-1-64352-628-7

Desarrollo editorial: *Semantics, Inc.* P.O. Box 290186, Nashville, TN 37229. semantics01@comcast.net

Publicado por Casa Promesa, 1810 Barbour Drive, Uhrichsville, Ohio 44683, www.casapromesa.com.

Nuestra misión es inspirar al mundo con el mensaje transformador de la Biblia.

Member of the
Evangelical Christian
Publishers Association

Impreso en China.

Dios nos está hablando a todas nosotras, todo el tiempo.

La pregunta no es ¿a quién le habla Dios?

La pregunta es, ¿quién escucha?

NEALE DONALD WALSH, AUTOR

*B*ienvenida a *Mi diario de estudio bíblico*, un lugar donde puedes tener comunión con Dios, con Su Palabra y con el Espíritu Santo. Esta es tu entrada a un tiempo silencioso de oración, de lectura y de reflexión, una forma de descubrir qué está hablando Dios en tu vida, qué te está diciendo a ti y solo a ti para que sepas hacia dónde dirigirte, qué decir, cómo pensar, qué hacer.

Este diario contiene un plan de lectura para 30 días (una página por día) sobre seis temas, que te ayudarán a enfocarte en los ámbitos siguientes:

Conocer mejor a Dios . . . . · 7–37

Conocer mejor a Jesús 38–68

Crecer en tu fe 69–99

Grandes mujeres de las Escrituras 100–130

La gratitud 131–161

El perdón 162–192

Cada uno de los 180 días que abarca este libro contiene el tema específico para ese día, la lectura bíblica y dos o tres líneas para anotaciones.

Antes de empezar con el pasaje bíblico de cada día, *ora* pidiendo la iluminación del Espíritu. Haz el propósito de *escuchar* lo que Dios está comunicando. Entonces, y solo entonces, *absorbe* el pasaje de las Escrituras correspondiente a ese día.

Después, antes de considerar cualquier comentario o las directrices para tus anotaciones, *marca* el versículo o el pasaje que esté hablando a tu corazón en ese lugar y en ese momento, lo entiendas o no. A continuación, pasa a las anotaciones del diario. *Reflexiona* lentamente en cada una de ellas. *Responde* a la indicación que más te inspire —o al versículo que ya hayas señalado— y comprueba qué más podría Dios estar revelándote. La idea es seguir donde Dios te guía. Cuando acabes con tus notas, ora para que Dios embellezca en tu corazón, en tu alma y en tu vida las verdades que ha impartido. Pídele Su fuerza y Su valor para ir donde el poste señalizador te ha indicado.

Entre esas páginas se encuentra tu oportunidad de agarrarte a tu Dios, de apoderarte de tu Dios, tu vida, tu voz, tus pensamientos, tu propósito, tus sueños, tu camino, tu espíritu y toma tu pluma. Confía en que encontrarás la senda, la clave, la palabra que debes seguir.

Todo lo que está escrito en la Biblia es el mensaje de Dios, y es útil para enseñar a la gente, para ayudarla y corregirla, y para mostrarle cómo debe vivir.

2 TIMOTEO 3:16 TLA

30 Días de lecturas bíblicas
para conocer mejor a Dios

Esto dice el Señor:
«Pero los que desean jactarse
que lo hagan solamente en esto:
en conocerme verdaderamente y entender que yo soy el Señor
quien demuestra amor inagotable».

Jeremías 9:23-24 NTV

Dios es el autor de la Biblia, una carta de amor de su corazón al tuyo. Y, desde Génesis hasta Apocalipsis, Él da claramente a conocer quién es y qué función tendrá en cada ámbito y aspecto de tu vida.

En este, el primero de los seis planes de lectura de 30 días, analizarás las Escrituras para comprender mejor la majestad, el poder y el amor de Dios por ti. Comienza con el Dios Creador y acaba con el Dios accesible.

Conforme entres en tu lectura bíblica cada día, deja comentarios sobre tu conversación de corazón a corazón con Dios, y permite que Su Palabra hable por sí misma. Empieza con una oración sencilla, algo como: «Aquí estoy, Señor. Habla, porque tu sierva está escuchando. Estoy decidida a oír lo que me quieres decir, a aprender lo que tú quieres que sepa». A continuación, medita en la lectura. Subraya el versículo o el pasaje que más resalte para ti. Entonces, y solo entonces, espera que Dios se revele a ti, lee, reflexiona y responde a los indicadores para escribir tu diario; sé sincera contigo misma y con Dios al escribir. Acaba dándole gracias a Dios por este tiempo juntos, y pídele que te ayude a aplicar a tu vida y a tu corazón aquello que hayas aprendido.

Dios el Creador

El Espíritu de Dios se movía sobre las tinieblas (ver Génesis 1:2), lo desconocido, buscando crear un orden. ¿De qué forma podría consolarte esto?

....

....

....

....

....

Lo que Dios ordena se genera, se crea. ¿Cuál es tu discurso? ¿Qué se está creando en tu vida?

....

....

....

....

....

....

¿Qué significa para ti haber sido creada a imagen de Dios, que te haya bendecido, que quiera que tú seas productiva, que provea para ti y que crea que eres buena en gran manera?

....

....

....

....

....

Dios el Sustentador

Sustentar significa apoyar, seguir sosteniendo indefectiblemente. ¿Qué sientes al saber que Dios ha creado todas las cosas para sostenerte a ti —incluida la tierra bajo tus pies— y que siga haciéndolo en tu vida hoy?

....

....

....

....

....

....

....

Dios formó el cuerpo terrenal de Adán (que significa *tierra*) del polvo de la tierra, pero a Eva (que significa *vida*), su compañera, su igual, la creó de la costilla del hombre mismo y no de la tierra ni del reino animal. ¿Qué te indica esto acerca de Dios como sustentador *creativo*?

....

....

....

....

....

....

....

....

El Dios de las promesas

LEE GÉNESIS 15

Dios le habló a Abram en una visión. ¿De qué formas se está comunicando contigo?

....

....

....

....

....

Dios le dijo a Abram que no temiera, incluso antes de que el hombre confesara que estaba preocupado y que no tenía *más* que preguntas. ¿De qué forma te consuela este escenario?

....

....

....

....

....

De un lado están las promesas de Dios que alcanzan más allá del tiempo y del espacio. Del otro, tu confianza y tu dependencia de ellas. ¿Cuál de Sus promesas te está Él transmitiendo hoy, esperando que confíes en Él al respecto?

....

....

....

....

....

Dios de santidad

¿Cuándo fue la última vez que te «quitaste las sandalias» al encontrarte con Dios, en muestra de respeto y reverencia por Su santidad?

....

....

....

....

¿De qué formas haces una pausa en la presencia de Dios, te preparas —en mente, cuerpo, corazón, espíritu y alma— para el encuentro celestial, sabiendo que tú, el ser imperfecto, te estás acercando al ser perfecto?

....

....

....

....

¿De qué manera te afecta el reconocimiento de la santidad de Dios antes, durante y después de la oración?

....

....

....

....

Dios el vencedor

—— LEE ÉXODO 15:1-21 ——

Tras escapar de un modo milagroso del faraón egipcio y de su ejército, el pueblo de Dios entonó un himno de victoria, declarando que Dios, su fuerza y su cántico, se había convertido en su salvación. ¿En qué ocasión(es) has salido ilesa de una batalla y has cantado una canción de victoria al Señor?

....

....

....

....

....

....

....

¿Qué tienes que hacer hoy para acceder a la fuerza de Dios, con la seguridad de que con Él no hay necesidad de temer a enemigo alguno, diluvio y que, al final, tus pies se afirmarán sobre tierra seca?

....

....

....

....

....

....

....

Dios de pureza

LEE ÉXODO 20

¿Por qué crees que Dios escribió estos diez mandamientos, que con toda claridad señalan la pureza de Dios y la impureza de la humanidad?

....

....

....

....

....

Los cuatro primeros mandamientos son sobre tu relación con Dios, y el resto sobre tu manera de comportarte con los demás. ¿Dónde crees que estás fallando?

....

....

....

....

....

¿Qué podría estar Dios señalándote en la lectura de hoy? ¿Qué necesitas confesar para acercarte más a Él?

....

....

....

....

....

Dios de gloria

LEE ÉXODO 33:7-23

Moisés pide ver la gloria de Dios, pero no podía ver el rostro divino y vivir. De modo que Dios le protegió poniéndolo en una hendidura de la roca y, cubriéndolo con Su mano, pasó por allí. Esto permitió que Moisés viera la espalda de Dios, pero no Su cara. ¿Qué te indica esto respecto al amor y al cuidado de Dios por Su pueblo?

....

....

....

....

....

....

....

....

¿En qué días experimentas la gloria de Dios en la naturaleza? ¿En el resto de la creación de Dios? ¿En tu vida?

....

....

....

....

....

....

....

....

....

Dios de bendición

———— LEE DEUTERONOMIO 28 ————

Dios afirma que, si escuchas Su voz y la obedeces, un sinnúmero de bendiciones descenderá sobre ti y te sobrepasará. ¿Cuándo has sentido que sucedía esto con las bendiciones de Dios porque escuchaste su voz?

....
....
....
....
....
....
....
....

Dios quiere que continúes siguiendo Su senda, sin desviarte para tomar otro camino. ¿Qué práctica espiritual has descubierto que te mantenga en Su Camino? ¿Cómo te ciñes a esta práctica? ¿Qué bendiciones pierdes cuando te apartas de Su Camino?

....
....
....
....
....
....
....
....
....

Dios de juicio

—————— LEE JUECES 10:6-16 ——————

¿De qué maneras abandonas a veces a Dios, y adoras otras cosas y personas en Su lugar?

....

....

....

....

....

¿Cuándo ha sido la última vez que —por haber hecho algo distinto a lo que Dios deseaba, y al sentir Su juicio por ello— clamaste pidiendo ayuda?

....

....

....

....

....

¿De qué maneras, en Su misericordia y compasión, te ha rescatado Dios de ti misma? ¿De qué formas piensas que tus problemas se convirtieron en los Suyos? ¿Cómo cambia esta visión —que lo que te duele a ti le duele a Él— tu percepción de Él?

....

....

....

....

....

El Dios que no tiene rival

¿Qué falso Dios podría estar rivalizando por tu lealtad en tu propia vida? ¿Qué tendrías que hacer para reconstruir tu altar al Señor?

....

....

....

....

....

Dios —Aquel que tiene poder sobre el fuego, el agua, las nubes y la lluvia— desea la totalidad del corazón, de la mente, del cuerpo, del alma y del espíritu de Su pueblo. ¿Qué puedes hacer para demostrarle que eres del todo Suya?

....

....

....

....

....

¿Qué se siente al saber que eres la hija de un Dios sin rival?

....

....

....

....

....

Dios de majestad

Lee Salmos 8

¿Cuándo fue la última vez que te detuviste y consideraste de verdad la majestad de Dios, las obras sobrecogedoras de Su creación que te rodean cada día?

....

....

....

....

....

¿Qué abanico de emociones sientes al saber que, aunque solo seas una partícula en el universo de Dios, también eres Su hija amada, una princesa coronada?

....

....

....

....

....

¿Qué cosas ha puesto Dios en tus manos y bajo tus pies? ¿De qué forma se refleja Su majestad en estas cosas, grandes y pequeñas?

....

....

....

....

....

Dios de vida

¿Qué palabras está hablando Dios a tu alma hoy?

....

....

....

....

....

¿Cuándo fue la última vez que le pediste consejo a Dios, que le permitiste hablar a tu corazón en la noche, que le pusiste a tu mano derecha, sabiendo que con Él no tienes que preocuparte por nada, porque Él es tu protector durante el viaje de tu vida?

....

....

....

....

....

¿De qué formas has permitido que Dios te muestre la senda de la vida y, al hacerlo, has hallado gozo en Su presencia y placer en la vida eterna con Él?

....

....

....

....

....

Dios de supremacía

—— Lee Salmos 19 ——

¿Qué has presenciado en la creación de Dios que te hable de Su abrumadora supremacía sobre toda la naturaleza?

....

....

....

....

....

¿En qué formas se revela Dios a Sí mismo y Su poder en tu alma, tus pensamientos, tu corazón y tu espíritu?

....

....

....

....

....

¿De qué maneras no le has dado a Dios libre «reinado» en tu vida, de manera que tus palabras, tus actos, tus pensamientos, tu corazón, tu alma y tu espíritu le agradaran a Él, el soberano de todo?

....

....

....

....

....

Dios el Pastor

Al imaginarte a Dios como tu pastor —el único que provee para ti, te da descanso, aquieta tu espíritu, restaura tu alma, te consuela, te guarda y te guía—, ¿cuál de sus provisiones percibes más en ti hoy? ¿Por qué?

....

....

....

....

....

¿Qué valle oscuro podrías estar atravesando justo ahora? ¿Con qué luz lo está alumbrando Dios?

....

....

....

....

....

¿Cómo cambiaría tu vida si fueras consciente en todo momento de que Dios, el Pastor, camina contigo, te conduce y te mantiene protegida?

....

....

....

....

....

Dios de paz

¿Cómo alabas y adoras a Dios antes, durante y después de las tormentas de tu vida? ¿De qué forma podría ayudarte adorar a Dios *antes* de la tempestad, a resistir y hallar paz en medio de los truenos y los relámpagos?

....

....

....

....

....

¿Qué consuelo te proporciona saber que Dios es más poderoso que cualquier tormenta a la que pudieras enfrentarte o presenciar, y que incluso en el diluvio, Él sigue estando en el trono y siempre lo estará?

....

....

....

....

....

¿Dónde y en qué situación anhelas la fuerza y la paz de Dios?

....

....

....

....

....

El Dios de la grandeza

¿Cuándo fue la última vez que alabaste a Dios, no por lo que Él ha hecho por ti, sino por Su extrema y suprema grandeza?

....

....

....

....

....

¿Qué persona, lugar o cosa en tu vida podrías estar poniendo en un pedestal más alto que a Dios? Cuando colocas a esa persona, lugar o cosa junto a Dios, ¿de qué forma se compara a Su grandeza?

....

....

....

....

....

¿Qué pensamientos llenan tu mente cuando consideras que tu extraordinario gran Dios estará contigo, y te guiará por siempre?

....

....

....

....

....

Dios el protector

—— Lee Salmos 91 ——

Teniendo en cuenta la premisa de que las promesas del salmo 91 dependen de que satisfagas las condiciones de sus dos primeros versículos, ¿con cuánta frecuencia moras en ese lugar secreto, permaneciendo en Dios, reconociéndolo como tu protector y confiando en Él para todo?

....

....

....

....

....

¿De qué te está rescatando Dios hoy? ¿Cómo te sientes al saber que, independientemente de lo que se levante contra ti, estás a salvo en Sus brazos?

....

....

....

....

....

¿Cuál de las promesas de este salmo le hablan más a tu corazón hoy? ¿A qué podría deberse?

....

....

....

....

....

Dios de refugio

¿En qué formas te proveen las palabras de Dios, Sus caminos y Sus promesas un refugio de alivio en tiempos de aflicción?

....

....

....

....

....

¿Cuándo has clamado a Dios porque te estabas cayendo, resbalando y Su amor te sostuvo? ¿Cuándo las dudas llenaron tu mente, cómo te consoló Dios y te dio esperanza?

....

....

....

....

....

¿Cómo te sientes al saber que, en tiempos de aflicción, tienes un lugar al que acudir? ¿Qué haces para llegar a ese sitio?

....

....

....

....

....

Dios de liberación

LEE SALMOS 118

La misericordia de Dios, su fiel amor y su bondad son para siempre. ¿Cómo te sientes al saber que estas cosas te seguirán dondequiera que vayas?

....

....

....

....

....

¿Cuándo fue la última vez que clamaste a Dios, mientras estabas en graves apuros? ¿Cómo respondió Él, te liberó, y te ayudó a encontrar un mejor punto de apoyo?

....

....

....

....

....

¿Qué ocurriría si cada mañana empezaras sabiendo que Dios es mayor que cualquier cosa a la que te puedas enfrentar, regocijándote en el día que Él ha hecho y fijando tu intención en alegrarte en él?

....

....

....

....

....

Dios de propósito

Dios respaldó a Jesucristo, puso Su Espíritu en Él, sostuvo Su mano cuando Él abrió los ojos de los ciegos y libertó a los prisioneros. ¿Qué pensamientos y sentimientos surgen al saber esto?

....

....

....

....

....

Es Dios quien te da aliento cuando estás en la tierra y Su espíritu mientras caminas por ella. ¿Cuándo lo sientes con mayor fuerza?

....

....

....

....

....

¿Qué cosas nuevas está haciendo Dios en tu vida?

....

....

....

....

....

....

Dios de perdón

—————— LEE ISAÍAS 43:22—44:5 ——————

¿Qué pensamientos surgen cuando consideras que Dios perdona tus pecados, olvida tus «errores», y no lo hace por tu carácter, sino por el suyo propio. Que, a pesar de tus pecados, Dios sigue bendiciéndote de todas las formas posibles?

....

....

....

....

....

¿Qué cosas podrías necesitar confesarle hoy a Dios, cosas que quizás ni siquiera hayas reconocido ante ti misma?

....

....

....

....

....

¿De qué formas puedes alabar a Dios por su don sorprendentemente generoso de perdonar y olvidar?

....

....

....

....

....

Dios el Siervo

Dios, el amo del universo, en la persona de Jesús, se ató un mandil y se arrodilló para escarbar la suciedad de entre los dedos de los pies, secando las escamosas plantas de personas que no eran ni mejor ni peor que tú. ¿Cuándo fue la última vez que hiciste algo tan servil o tan humillante? ¿Cómo te sentiste?

....

....

....

....

....

....

¿De qué formas sirves a los demás, con humildad, pero sintiéndote feliz a la vez? ¿Qué bendiciones experimentaste al hacerlo?

....

....

....

....

....

....

....

....

....

Dios de la Trinidad

— LEE JUAN 14 —

Jesús afirmó que, si le has visto a Él, has visto al Padre. ¿De qué manera cambia esto tu percepción presente de Dios mismo?

....

....

....

....

....

Considera la declaración de Jesús respecto a que, si crees en Él, hará cosas mayores que las que Él realizó y que cualquier cosa que pidas, orando en su nombre, lo recibirás. ¿De qué modo te proporciona el saber esto la paz que Jesús promete?

....

....

....

....

....

El Espíritu Santo tiene muchos nombres, como Consolador, Ayudador y Espíritu de Verdad. ¿Por qué nombre lo conoces tú mejor? ¿Por qué?

....

....

....

....

....

Dios, el Dador de Vida

—————— LEE JUAN 15:1—16:16 ——————

Jesús señaló que, para llevar fruto, tienes que permanecer o morar en Él porque, sin Él, nada puedes hacer. ¿De qué manera se ha probado y demostrado esto en tu propia vida?

....

....

....

....

¿Qué pensamientos te invaden cuando consideras que no escogiste a Jesús, sino que fue Él quien te eligió a ti para que llevaras fruto y recibieras cualquier cosa que pidieras en oración?

....

....

....

....

....

Reflexiona en el hecho de que Jesús te ame y haya enviado al Espíritu Santo como ayuda para guiarte. ¿De qué maneras te proporciona esto vida?

....

....

....

....

....

Dios el Salvador

—————— LEE JUAN 19:1-37 ——————

¿De qué otra forma podría haber resultado esta historia si las personas que desempeñaron un papel en la ejecución final de Jesús, de haberle conocido *realmente* como Dios el Salvador?

....

....

....

....

....

¿Por qué podría ser emocional y espiritualmente difícil leer este relato? ¿Qué podría hacer más fácil su lectura?

....

....

....

....

En esta historia, ¿con quién te resulta más difícil identificarte? ¿Más fácil? Aparte de Jesús, ¿de quién estás más orgullosa? ¿De quién te avergüenzas más? ¿Qué cualidades podrías compartir con cada uno de estos personajes?

....

....

....

....

....

El Dios de la resurrección

Las seguidoras de Jesús fueron las primeras en llegar a su tumba, preparadas para llevar a cabo los deberes habituales tras la muerte de un ser amado, y quedaron perplejas al hallar la puerta de la sepultura apartada. ¿Cuándo fue la última vez que realizaste tus obligaciones usuales y quedaste sorprendida por el Dios de la resurrección? ¿Escapaste corriendo asustada, con incredulidad o te quedaste allí para escuchar su mensaje?

....

....

....

....

....

....

....

....

¿Cuándo creíste por primera vez en el Dios resucitado? ¿De qué modo está trabajando Él contigo hoy?

....

....

....

....

....

....

....

Dios, nuestro Amigo

LEE 1 JUAN 1:1—2:14

Imagina a Dios como a tu amigo que te amó tanto que descendió a la tierra para mostrarte el camino de vuelta a Él. Ahora puedes ser su amiga como lo fueron Eva, y su congénere Adán, antes de la caída. ¿Cómo te ayuda el saber que Dios te ama tanto, a amar y relacionarte con las demás criaturas?

....

....

....

....

....

....

....

¿De qué maneras puedes mantener tu conexión con la luz de Dios resplandeciendo a través de ti y hacia los demás durante los momentos más oscuros?

....

....

....

....

....

....

....

....

Dios, quien es digno de alabanza

¿De qué maneras expresas tu alabanza cuando echas una mirada por la puerta celestial abierta en tu propia mente y ves a Dios sentado en su trono?

....

....

....

....

¿Qué tres aspectos de Dios provocan en ti mayor alabanza?

....

....

....

....

Imagina tus oraciones en los cuencos de oro del incienso sostenidos por criaturas celestiales que entonan cánticos de alabanza a Jesús el Cordero. ¿Cómo hace que te sientas? ¿Qué canción podrías escribir hoy para expresar tu alabanza a Dios?

....

....

....

....

....

Dios de Salvación

En los cuatro primeros versículos de esta lectura, en tres ocasiones diversas criaturas celestiales gritan «¡Aleluya!», al Dios de salvación alabando su victoria. Considera hacer tú lo mismo justo ahora, uniéndote a ellos, y recoge tus pensamientos y sentimientos antes y después de tus gritos de «¡Aleluya!».

....

....

....

....

....

....

Imagina que el cielo se abre y deja ver un caballo blanco con un jinete llamado Fiel y Verdadero. Es Jesús, el Hijo de Dios, quien derrota todo mal, salva tu vida misma, tu espíritu y tu alma. ¿Qué palabras de alabanza tienes para Él?

....

....

....

....

....

....

Dios el accesible

Algún día, te encontrarás morando eternamente con Dios en un lugar hermoso, manteniendo una relación con Él como la de Eva antes de la Caída. ¿Cuál podría ser una de las primeras cosas que digas o hagas cuando veas a Dios cara a cara?

....

....

....

....

....

....

....

¿De qué maneras reconoces la presencia de Dios en tus hechos cotidianos? ¿Cómo te acercas a Él?

....

....

....

....

....

....

....

....

....

30 Días de lecturas bíblicas

para conocer mejor a Jesús

Quiero conocer a Cristo y experimentar
el gran poder que lo levantó de los muertos.

FILIPENSES 3:10 NTV

esús. Conocerle es amarle, y entender su amor por ti. Desde su humilde comienzo terrenal hasta su espectacular y sobrenatural infinitud. Te está llamando a un propósito que solo puedes empezar a imaginar.

En este segundo plan de lectura de la Biblia de 30 días, desde el nacimiento de Jesús en el pesebre hasta su salida de la tumba, estarás examinando las Escrituras para entender mejor al líder, predicador y maestro judío que transformó para siempre —y sigue transformando— el mundo y a las personas que hay en él.

Como se ha indicado antes, al acercarte a tu lectura bíblica cada día, recuerda dejar comentarios de las conversaciones, y permite que la Palabra de Dios hable por sí misma. Empieza con una sencilla oración, algo como: «Aquí estoy, Señor, dispuesta a oír y aprender, a escuchar y dirigirme a ti. Que tu luz brille sobre mí, sobre mi corazón, mi mente, mi espíritu y mi alma». A continuación, lee el pasaje de ese día, con la intención de escuchar la voz de Jesús. Medita en la Palabra. Subraya el versículo o el pasaje que resalte más para ti. Después, y solo entonces, con la expectativa de que Cristo se revele a sí mismo, lee, reflexiona y responde a las preguntas de guía para escribir tu diario, siendo sincera contigo misma y con Dios mientras escribes. Luego, dale gracias a Él por este tiempo juntos, y pídele que te ayude a aplicar sus enseñanzas y su sabiduría, su amor y su poder a tu vida y a tu corazón.

El nacimiento de Jesús (Primera parte)

MATEO 1:18-25

¿Cuándo se ha metido Dios en tus sueños y te ha reconducido en mitad de tus planes mejor trazados? ¿Seguiste la redirección divina o te ceñiste de forma férrea a tu senda ya bien planeada?

....

....

....

....

¿Has obedecido a Dios en una situación en las que te pide que hagas algo que parece ir en contra de la tradición, la opinión pública y las normas sociales? ¿Cuál fue el resultado?

....

....

....

....

....

¿En qué sentido difieren tus expectativas y el plan de Dios? ¿Cómo dejas espacio para que Dios hable a tu vida, separando tu conversación interior de su voz divina?

....

....

....

....

....

El nacimiento de Jesús (Primera parte)

Lucas 2:1-20

¿Cuándo descubriste la gloria y la riqueza de Dios durante un acontecimiento de la vida corriente, en medio de unas circunstancias sombrías? ¿Qué gozo te produjo?

....

....

....

....

....

¿Qué sucesos inesperados o cosas que te sobresaltaron te impulsaron a meditar en la asombrosa orquestación de los acontecimientos de la vida?

....

....

....

....

¿Cómo cambia tu perspectiva saber que Dios usa con frecuencia a los mensajeros más comunes y humildes para llevar la gran buena voluntad y las mejores nuevas al mundo, tocando los corazones y cambiando las vidas de los demás para siempre?

....

....

....

....

La visita de los Magos

¿De qué maneras piensas que has tenido que viajar lejos para hallar y adorar a Jesús, el Rey? ¿Qué revela tu investigación?

....

....

....

....

....

¿Cuándo fue la última vez que llevaste un regalo a Jesús? ¿Cuál fue su relevancia para ti? ¿Cómo crees que fue recibido?

....

....

....

....

....

¿Cuándo fue la última vez que Dios te advirtió sobre algo, mientras soñabas, o cuando te encontrabas en un estado físico, espiritual y mental receptivo? ¿Fuiste capaz de permitir que el consejo de Dios invalidara tu sabiduría de mujer?

....

....

....

....

....

El Verbo se hizo carne

—— JUAN 1:1-28 ——

¿Qué significa para ti que Jesús sea *el* Verbo (la Palabra) que genera todas las cosas —incluida tú— por su Palabra, y las sustenta? ¿Qué le está diciendo hoy Jesús a tu vida y qué está sustentando?

....

....

....

....

....

¿Qué palabras o sentimientos acuden a tu mente cuando entiendes que, *porque crees en Jesús, eres hija de Dios,* y tienes todos los derechos de nacimiento y privilegios que esta conexión entraña?

....

....

....

....

....

¿Cuándo has sentido, como Juan el Bautista, que eres una voz solitaria que clama en el desierto?

....

....

....

....

....

Una luz ha surgido

¿Cuándo has sentido como si la oscuridad te hubiera tragado? ¿Qué pensaste y sentiste en el momento? ¿Cómo regresaste a la luz?

....

....

....

....

....

¿Adónde vas cuando te sientes desalentada, cuando aquellos a los que amas están encarcelados espiritual, emocional, mental o físicamente? ¿Cómo o por qué te calma ese lugar?

....

....

....

....

....

¿En qué versículos de la Biblia confías para evitar ser vencida por las tinieblas? ¿Cómo te mantiene la Palabra en la luz?

....

....

....

....

....

....

El ministerio de Jesús en Galilea

LUCAS 4:14-37

¿Tienes la misma costumbre de Jesús (ver Lucas 4:16) de ir a la iglesia cada Sabbat? ¿Por qué sí o por qué no?

....

....

....

....

¿Cuándo has ido «a casa» —si es que ha ocurrido alguna vez— y te han tratado con desdén las personas que allí estaban, por culpa de tu fe? ¿Cuándo pudiste abrirte camino entre ellos y seguiste tu camino? ¿Qué te proporcionó el poder para hacerlo?

....

....

....

....

....

¿En qué situaciones ha venido Jesús y ha sanado tu quebrantado corazón? ¿Cuándo ha liberado tu espíritu encarcelado? ¿Cuándo le ha proporcionado nueva percepción a tu mente? ¿Cuándo ha libertado tu alma de la opresión?

....

....

....

....

....

La verdadera familia de Jesús

Jesús llama a sí mismo a aquellos con los que Él quiere trabajar. ¿Cuándo te llamó? ¿De qué forma cambió tu vida como resultado de ello?

....

....

....

....

¿En qué te ha llamado Jesús para que colabores con Él? ¿Cómo tienes acceso a su poder para cumplir ese llamado?

....

....

....

....

Los que hacen la voluntad de Dios son el hermano, la hermana y la madre de Jesús. ¿Qué sientes al reivindicar ese privilegio? ¿De qué manera cambiaría la perspectiva de tu vida si hicieras que tu función como hermana o madre suya predominara sobre tus pensamientos?

....

....

....

....

....

Jesús purifica el templo y se reúne con Nicodemo

Juan 2:12—3:21

¿De qué formas le has dado prioridad a las cosas materiales y a las «transacciones» mentales sobre la oración y la adoración en tu propio templo de Dios?

....

....

....

....

....

....

¿Qué pensamientos y sentimientos empiezan a destacar cuando entiendes que Jesús sabe con exactitud lo que hay en tu corazón y tu mente?

....

....

....

....

....

¿Qué cambios se produjeron en tu vida después de que tu espíritu naciera del Espíritu de Dios? ¿Cómo alimentas ese «nuevo tú»?

....

....

....

....

....

Parábolas de Jesús

MARCOS 4:1-34

¿Cuáles de estas parábolas habla más hoy a tu alma? ¿A qué se podría deber?

....

....

....

....

....

....

¿De qué maneras preparas el terreno de tu corazón de manera que, cuando la semilla de la Palabra de Dios cae en él, seas capaz de aceptarla con buena disposición y de llevar fruto a causa de ello?

....

....

....

....

....

¿De qué forma te alienta saber que cuanto más piensas y estudias sobre lo que lees en la Palabra de Dios, más sabiduría sacarás de ello? ¿Cómo se ha demostrado esto ya en tu vida?

....

....

....

....

....

El corazón de la humanidad

¿Cuándo podrías haberte sorprendido alabando a Jesús con tus labios, mientras tu corazón estaba lejos de él? ¿Qué sentimientos y pensamientos acuden a tu mente cuando consideras que, al estar tu corazón alineado con el de Jesús, no hay distancia física sobre la que Él no pueda tender un puente para responder a tu oración?

....

....

....

....

....

¿Sobre qué estás orando estos días con persistencia? ¿Cómo podría Dios usar esta experiencia de la plegaria para poner a prueba tu fe?

....

....

....

....

....

¿A qué ordena Jesús que abras tu corazón hoy?

....

....

....

....

....

Igualdad con Dios

Aunque los ángeles puedan agitar las aguas sanadoras en las que puedas entrar, es Jesús quien, conociéndote de dentro hacia afuera lleva a cabo toda la curación. ¿De qué modo podría cambiar esto el orden espiritual de las cosas en tu mente?

....

....

....

....

....

¿Qué te describe mejor: una seguidora de normas o una seguidora del hacedor de ellas? ¿Cuál te parece mejor de las dos?

....

....

....

....

....

Porque has escuchado las palabras de Jesús y has creído que Dios le ha enviado, tienes vida eterna. ¿Qué pensamientos y sentimientos inspira este hecho?

....

....

....

....

El Sermón del Monte (Primera parte)

MATEO 5

¿Cuál de las declaraciones de «Bienaventurados los» (ver Mateo 5:3-10) se aplican a ti hoy? ¿De qué manera te consuela o te fortalece esto?

....

....

....

....

¿De qué maneras estás dejando brillar tu luz para que tus buenas obras puedan conducir a los demás hasta Dios?

....

....

....

....

¿A quién te impulsa Jesús a perdonar hoy? ¿Por quién caminarías la segunda milla? ¿Qué enemigo te está Él moviendo a bendecir? ¿Qué sientes al seguir las incitaciones de Jesús? ¿Cómo podría convertirse en un hábito para ti responder a sus invitaciones?

....

....

....

....

El Sermón del Monte (Segunda parte)

---- MATEO 6 ----

¿Qué buena obra puedes llevar a cabo para alguien, entre bambalinas, en tu vida, una acción que mantengas solo entre tú y Dios? Después de rematarla, ¿qué recompensa has recibido abiertamente de Dios, como resultado?

....

....

....

....

....

¿Dónde se encuentra tu lugar secreto de oración? ¿Cómo es? ¿Con cuánta frecuencia lo usas?

....

....

....

....

....

¿De qué forma te ayuda el buscar primero el Reino de Dios a perdonar a los demás, a hacer tesoros en el cielo y no en la tierra, a mantenerte fiel a Dios en lugar de al dinero y a evitar inquietarse por el mañana?

....

....

....

....

El Sermón del Monte (Tercera parte)

MATEO 7

¿Cómo serían tus pensamientos y tus palabras si te refrenaras de juzgar a los demás? ¿De qué forma atraería esta actitud tuya a otros a Dios?

....

....

....

....

....

Solo cuando pides, buscas y llamas de forma continua recibirás, hallarás y se te abrirán las puertas. ¿De qué manera te ayudaría tener esto en mente cada día a tener una vida más completa con Dios?

....

....

....

....

....

¿Cómo cambiaría tu vida si trataras a todos —independientemente de quienes sean o de lo que hayan hecho— como *te* gustaría que hicieran contigo las veinticuatro horas al día?

....

....

....

....

....

Poder sobre el mundo físico

LUCAS 8:22-56

¿De qué manera te tranquiliza saber que Jesús tiene poder para calmar los vientos y las olas? ¿Cómo te ayuda la idea de que Jesús *siempre* está en tu barco a afrontar las pruebas de la vida?

....

....

....

....

....

¿Cuándo has sentido cómo el poder de Dios retenía el flujo de problemas en tu vida? ¿De qué forma te ha aportado gozo y paz saber que tu fe te ha hecho bien?

....

....

....

....

....

¿Qué poder encierran para ti las palabras «No temas; cree solamente»? ¿Cómo cambiaría la vida si este fuera tu mantra?

....

....

....

....

....

Poder para sanar (Primera parte)

— MATEO 8:1–17 —

Cuando le pides sanidad a Jesús, ¿eres como el leproso que acudió a Él, lo adoró y después declaró su fe afirmando saber que Jesús podía sanarle si quería (¿o no lo eres?).

....

....

....

....

....

Nada impide el poder sanador de Jesús, ni el tiempo ni la distancia. ¿Qué te indica esto sobre la función, la presencia y el poder de Jesús en tu vida?

....

....

....

....

....

¿Cómo te sientes sabiendo que Jesús no se limita a sanarte a ti y a aquellos a los que amas, sino que carga Él mismo con todas las enfermedades y las dolencias?

....

....

....

....

....

Poder para sanar (Segunda parte)

JUAN 4:46-54

¿Qué señales y prodigios de los realizados por Jesús te han ayudado a creer en Él?

....

....

....

....

....

....

....

Cierto noble oyó decir a Jesús que su hijo no moriría, depositó su confianza en esas palabras y, siguió su camino tranquilo al saber que era verdad. ¿Cuándo has escuchado la Palabra de Jesús, confiando en Él y en ella, y has seguido tu camino con la seguridad de su verdad? ¿Qué milagro descubriste por haber escuchado, confiado y haberte sentido segura?

....

....

....

....

....

....

....

....

Amar a los que no son dignos de amor

Lucas 5:12-26

¿Has caído en algún momento sobre tu rostro, declarando tu fe y, después, has aguardado con sencillez y humildad la respuesta de Jesús y su toque? ¿En qué difiere esto de contarle simplemente aquello que quieres que haga?

....
....
....
....
....

¿Qué haces o dónde acudes para recargar tus baterías espirituales, físicas, emocionales y mentales?

....
....
....
....
....

¿Qué haces cuando se acercan a ti personas que no son dignas de amar, que están sucias o que son indeseables? ¿Extiendes tu mano de buen grado y las tocas con el amor de Jesús? Si no es así, ¿qué podría ayudarte a hacerlo?

....
....
....
....
....

El coste del discipulado

¿Deseas seguir a Jesús o rehúyes su senda? ¿Te niegas a ti misma o reniegas de Él? ¿Tomas tu cruz o la dejas en el suelo?

....

....

....

....

....

¿Qué significa para ti cuando Jesús señala que si quieres salvar tu vida la perderás, pero que, si la pierdes por causa de Él, la salvarás?

....

....

....

....

¿Qué podrías estar poniendo por delante de Dios? ¿Qué podrías haber ganado posteriormente a expensas de tu alma?

....

....

....

....

....

¿Quién es el mayor?

¿En qué caminos podrías estar buscando construirte una reputación para ti en lugar de dar a conocer el nombre de Jesús?

....

....

....

....

....

¿Cuándo fue la última vez que cobraste ánimo para enfrentarte a algo difícil? ¿De qué forma podría ayudarte en retos futuros aquello que estás aprendiendo sobre Jesús?

....

....

....

....

....

¿Qué pasos podrías dar para mantenerte mirando hacia adelante en lugar de echar la vista atrás en tu caminar de fe? ¿Qué versículos bíblicos asertivos podrían ayudarte en este empeño?

....

....

....

....

....

La grandeza en el Reino

¿Qué versículo de este capítulo cala más hondo en tu corazón? ¿De qué formas conecta ese versículo con las circunstancias presentes de tu vida?

....

....

....

....

....

....

¿De qué modo juega un papel la humildad en cada una de las historias presentadas en este capítulo? ¿De qué manera hace que te detengas y hagas una evaluación de ti misma?

....

....

....

....

....

¿A quién perdonas una y otra vez? ¿A quién es necesario que perdones hoy *de todo corazón*?

....

....

....

....

....

La verdadera riqueza

MARCOS 10:13-34

¿De qué manera has aceptado a Jesús y recibido el Reino de Dios como lo haría un niño pequeño? ¿Cómo has seguido manteniendo la fe inquebrantable y absoluta de un niño?

....

....

....

....

....

¿Dónde residen últimamente tus tesoros, en el cielo o en la tierra? ¿Cuáles son esos tesoros? Al responder estas preguntas, ¿qué percepciones recoges respecto a tu vida?

....

....

....

....

....

¿De qué formas te está proporcionando Dios los medios y la motivación para ponerle a Él por delante de todos los tesoros terrenales? ¿Cómo está haciendo Él que lo que parece imposible, sea posible?

....

....

....

....

....

Curación en día de reposo

LUCAS 13:10-17

¿En qué fue Jesús un rebelde? ¿De qué formas *sigue* siéndolo?

....

....

....

....

....

¿Qué peso te ha estado doblando últimamente? ¿Qué o a quién necesitas para erguirte? ¿Qué o a quién es preciso que entiendas bien?

....

....

....

....

....

¿En qué casos podrías tú, hija de Abraham, ceñirte ciegamente algunas normas en lugar de seguir las incitaciones de Jesús? ¿Qué podría estar diciéndote Él o a qué te estaría conduciendo?

....

....

....

....

....

La señal de Jonás

—— MATEO 12:22-45 ——

¿Cuál es tu fruto? ¿Qué revela sobre ti? ¿A los demás? ¿A Jesús?

....

....

....

....

....

¿De qué maneras te están salvando tus palabras? ¿Cómo podrían estar condenándote? ¿De qué formas podría afectar a tu discurso en el futuro el hecho de que encierren tanto poder? ¿Cómo podría repercutir esto en tus pensamientos en el porvenir?

....

....

....

....

....

¿Cuándo le has pedido a Dios una señal en lugar de apoyarte en tu fe? ¿Qué te impulsó a actuar así? ¿Cuál fue el resultado?

....

....

....

....

....

Ungimiento en Betania

¿De qué formas crees que has hecho lo que podías por Jesús? ¿Qué más te estaría Él impulsando a hacer por Él?

....

....

....

....

....

¿Cuándo te ha instado Jesús a hacer algo de lo que otros se han burlado catalogándolo de pérdida de tiempo y dinero? ¿Te sorprendiste respondiendo a la petición de Jesús o te dejaste influir por los opositores y permaneciste inactiva? ¿Cuál fue el resultado?

....

....

....

....

....

¿Cómo querría Jesús que respondieras a los críticos —creyentes o incrédulos por igual—, cuando sigues adelante con lo que Dios quiere que hagas?

....

....

....

....

....

Institución de la Santa Cena

MARCOS 14:12-31

¿Cómo aumenta tu fe saber que Jesús sabe todo lo que te espera en cada paso de tu caminar con Él?

....

....

....

....

....

¿De qué forma, saber que Jesús desea profundamente que tomes la comunión en memoria de Él evita que el ritual se convierta en una rutina?

....

....

....

....

....

¿Cuándo has quebrantado una promesa solemne hecha a Jesús, a pesar de tu determinación por cumplirla? Jesús no solo perdonó a Pedro más tarde, sino que le usó de una forma extraordinaria para avanzar el Reino. ¿Qué te indica esto respecto a tu Salvador?

....

....

....

....

....

Jesús es traicionado y arrestado

LUCAS 22:39—23:25

¿De qué formas piensas que podrías estar siguiendo a Jesús desde lejos?
¿Cómo podría afectar esto hoy a la forma en que te ven los incrédulos?
¿Qué repercusión podría tener esto sobre ti?

....

....

....

....

....

¿En qué situaciones te has visto como un cordero manso y silencioso,
sabiendo que es así como Dios quería que fueras? ¿Cuándo no has sido
capaz de contenerte? ¿Qué revela sobre Jesús el hecho de que pudiera
mantener la calma?

....

....

....

....

....

¿Cuándo has seguido a la multitud en lugar de tomar el camino de Dios?

....

....

....

....

....

Muerte de Jesús

MATEO 27:33-56

¿Cómo piensas que se sentiría Jesús, quien tenía todo el poder, al ver que lo tomaban por un indefenso y se burlaban de Él? ¿Has tenido alguna vez este tipo de experiencia?

....

....

....

....

....

....

....

¿Cuándo te has sentido traicionada por una amiga, has sido falsamente acusada, se han burlado de ti, te han maldecido y sentido que Dios te había dejado tirada, siendo tú inocente como un cordero? ¿Qué se siente al saber que Jesús sufrió todo esto —y más— *por ti*? ¿Qué te revela esto acerca de Dios? ¿Sobre Jesús?

....

....

....

....

....

....

....

....

Jesús es sepultado

JUAN 19:28-42

¿De qué maneras has mantenido en secreto tu fe en Jesús o bajo una cubierta de oscuridad por temor a los comentarios o las acciones de los demás? ¿Cómo sería estar a la altura de tu fe, entrar en la luz, emprender acción por Jesús sirviéndole delante de los demás, de alguna manera?

....

....

....

....

....

....

....

....

¿Qué opinas de que la caída de la humanidad sucediera en un jardín y que la resurrección de la humanidad también se produjera en un lugar así?

....

....

....

....

....

....

....

....

....

La tumba está vacía

JUAN 20:1-18

¿Cuándo fue la última vez que corriste a Jesús, ansiosa por ver a Aquel que te llama «apreciada mujer»? ¿Dónde sueles encontrarlo?

....

....

....

....

....

¿Cuándo has visto, y después creído? ¿De qué formas te bendice Jesús por creer en Él aun cuando no le hayas visto físicamente todavía? ¿Qué te ayuda a mantener firme esa fe?

....

....

....

....

....

¿Qué hay en las Escrituras que todavía te resulte difícil de entender? ¿Qué te ha aclarado Jesús respecto a ellas? ¿Qué te está revelando Él hoy?

....

....

....

....

....

30 Días de lecturas bíblicas
para crecer en tu fe

*Fue por la fe que Abraham obedeció cuando Dios lo llamó para que
dejara su tierra y fuera a otra que él le daría por herencia.
Se fue sin saber adónde iba.*

Hebreos 11:8 NTV

Cuanto más crezcas en tu fe, más firme se volverá tu relación con Dios.
Cuanto más fuerte tu relación, más estarás en armonía con Aquel que
te conducirá a lugares tan hermosos como nunca pudiste soñar o tan siquiera empezar a imaginar. Más valor tendrás para caminar donde Él quiere
que andes, a hacer aquello que Él te ha llamado a hacer. Y te sorprenderás
haciéndolo con facilidad y paz de espíritu y corazón.

La gran aventura empieza y acaba en la Palabra. En los próximos 30
días harás crecer tu fe empapándote en la verdad de Dios, permitiendo que
ella se convierta en parte de tu ser mismo. Pronto descubrirás que te ves
impulsada, que actúas basándote en ella e instada por ella, esperado confiadamente y esperando con expectativas lo que Dios hará a continuación.

Acércate a la Palabra con reverencia, lee las Escrituras, escucha inten-
cionadamente a Dios hablar y al Espíritu traducir. Medita en lo que has
leído; subraya el pasaje que más destaque. A continuación, lee, reflexiona
y responde a los indicadores para los apuntes de tu diario, sabiendo que
Dios te conducirá allí donde Él desea que vayas.

Fe: Confiar en Dios en todo

GÉNESIS 22:1-14

Escribe sobre una época cuando obedeciste a Dios sin pregunta ni vacilación, ¿qué había en juego? ¿De qué forma confirmó y fortaleció esta experiencia tu fe?

....

....

....

....

....

¿Cuándo proveyó Dios *para* ti en medio de tu ofrenda de aquello que Él *te* había pedido? ¿De qué manera hizo esto crecer tu fe y tu confianza en Él?

....

....

....

....

¿Qué situación actual está poniendo a prueba en tu vida tu fe y tu obediencia a Dios? ¿Qué piensas que puedes tener que sacrificar?

....

....

....

....

....

Fe: Confiar en Dios por medio de la oración

1 SAMUEL 1:7-20

¿Cuándo has acudido al Señor con el corazón quebrantado, llorando lágrimas de amargura y derramando tu alma a Él en oración, confiando en su compasión? ¿Cómo te sentiste después?

....

....

....

....

....

....

¿Has cumplido los votos que le hiciste a Dios, siendo fiel a la parte que prometiste desempeñar en tu relación con Él?

....

....

....

....

¿Cómo te acercas a Dios en oración, de corazón o con la cabeza? ¿Te levantas con el rostro apacible o preocupado?

....

....

....

....

....

Fe: Confiar en Dios para protección

2 CRÓNICAS 20:20-30

En circunstancias difíciles puedes sorprenderte mirando a tu alrededor en lugar de alzar la vista. ¿Qué puedes hacer para mantener tus ojos enfocados en tu Dios celestial?

....
....
....
....
....

¿Cuándo entonaste alabanzas a Dios, confiada en que Él te cuidaría, te protegería y te bendeciría, en medio de una situación aparentemente desesperanzada y en potencia peligrosa? ¿Cómo te ayudaron esta actitud y esta perspectiva a llevarlo a cabo?

....
....
....
....
....

¿Qué razón tienes para cantar hoy alabanzas a Dios?

....
....
....
....
....

Fe: Confiar en Dios hasta el final

—————————— DANIEL 3 ——————————

¿En qué falso ídolo podrías haber confiado y a cuál habrías podido adorar más que a Dios? ¿Qué derivó de esta fe mal encauzada y de esta adoración?

....

....

....

....

¿Cuándo proclamaste que tendrías fe y confianza en Dios, adorándolo y sirviéndolo, independientemente de que Él te salvara o no de un fin indeseable?

....

....

....

....

Dios camina contigo en medio de situaciones complicadas, que te dejan chamuscada espiritual, física, emocional, mental y económicamente. ¿De qué forma hace crecer aún más tu fe esta verdad?

....

....

....

....

....

Fe en su poder

MATEO 8:1-13; 15:21-28

Mientras adorabas a Jesús, ¿le has dicho que, si Él quiere, *tiene* el poder de sanarte? ¿De qué manera podría esto ser más bien un potenciador de la fe que decirle *cómo* te gustaría que te sanara?

....
....
....
....
....

El toque sanador de Jesús alcanza más allá del tiempo y de la distancia. ¿De qué manera ha demostrado esto ser cierto en tu vida o en la de aquellos a los que amas?

....
....
....
....
....

¿Cuánta persistencia tienes para clamar a Jesús, adorarlo y pedirle que cure a alguien a quien amas? ¿De qué forma te ha cambiado el actuar así?

....
....
....
....
....

Fe en su toque

¿Cuándo te ha impulsado tu fe, con persistencia y obstinada determinación, a extender tu mano contra toda probabilidad para tocar a Jesús y que te reponga en lo espiritual, lo físico, lo emocional o lo mental?

....

....

....

....

....

Lo que sucede en tu vida depende de la fe que tengas en las capacidades y en el poder de Jesús para tocarte y cambiarte y, en ocasiones, cambiar tus circunstancias. ¿Qué prueba has visto de esto en tu vida?

....

....

....

....

¿Qué toque necesitas hoy de Jesús?

....

....

....

....

....

La fe en acción

MATEO 17:14-20; 21:18-22

¿Cuándo te han llevado tus necesidades y tu desesperación a ponerte de rodillas delante de Jesús? ¿Qué remedio pediste? ¿Qué parte desempeñó tu fe?

....

....

....

....

....

Independientemente de tu cantidad de fe en un ámbito o circunstancia particular, para Dios todo es posible. ¿De qué manera ha potenciado este hecho tu fe en suficiente medida como para emprender acción contra toda probabilidad?

....

....

....

....

....

¿En qué ámbitos de tu vida erosionan tus dudas tu fe? ¿Qué puedes hacer para apuntalar esa fe?

....

....

....

....

La fe crece

ISAÍAS 40:27-31; MARCOS 10:13-16

¿De qué formas alimentas tu incipiente fe para que no solo crezca, sino que alce el vuelo? ¿Qué función desarrollan Dios, Jesús y el Espíritu Santo en tu nutrición espiritual?

....

....

....

....

¿Cómo esperas en el Señor con confianza y esperanzada expectativa? ¿De qué manera aumenta esto una fuerza que tal vez ni te hayas dado cuenta que tienes?

....

....

....

....

Dios preferiría que te acercaras a él como un niño divino a un padre celestial, y no como un peticionario a una figura de autoridad. ¿Cuál de las dos cosas está arraigada en el amor? ¿Cuál es más eficaz?

....

....

....

....

Fe en la gloria de Dios

Por medio de Jesús, Dios provee agua sobrenatural para las personas espiritualmente muertas de sed. ¿Cómo tienes sed de Dios? ¿De qué manera satisfaces esa sed?

....

....

....

....

....

Una vez aliviada la sed espiritual, ¿eres un conducto refrescante del Espíritu Santo, que permite que las aguas rejuvenecedoras fluyan a través de ti hasta alcanzar a los demás?

....

....

....

....

....

¿En qué ámbitos de tu vida atribuyes más peso y crédito a lo que puedes ver que a lo que puedes creer? ¿Cómo podría Jesús estar impulsándote a creer y a ser bendecida?

....

....

....

....

....

La fe es intencionada

Cuando se escucha el mensaje de Dios, la fe crece. ¿Estás escuchando a Dios de forma intencionada cuando Él habla, o te distrae el ruido del mundo?

....

....

....

....

....

¿De qué formas podría Dios estar extendiendo sus manos hacia ti, pero tú que ni siquiera le buscas, no puedes verlas?

....

....

....

....

....

¿Cómo podría cambiar tu vida y tu fe crecer si buscaras el rostro y la presencia de Dios de manera deliberada? ¿Y si escucharas en estado de alerta, con los oídos bien abiertos, esperando que Él hable para entender sus palabras y el significado?

....

....

....

....

....

La fe a través de tus dudas

GÁLATAS 3:1-14

La fuerza espiritual complace más a Dios que el esfuerzo humano. ¿Te empeñas en agradarle por medio de obras físicas o empapándote en su Palabra, viniendo a Él en oración, permitiendo que su Espíritu te llene, y siguiéndole allí donde te dirija?

....

....

....

....

....

¿Cómo mantienes el evangelio fresco en tu mente y como piedra angular de tu fe? ¿Cómo evita esto cualquier duda que pueda entrar a hurtadillas?

....

....

....

....

....

¿Eres una hija de Abraham que confía y se apoya en Dios, y da un paso al frente, aunque no sepas lo que está por venir?

....

....

....

....

....

La fe a pesar de la lucha

Filipenses 3:7-11

La fe cambia tus valores. ¿Qué se ha vuelto cada vez menos importante en tu vida conforme continúas en tu caminar de fe? ¿Qué ha adquirido mayor relevancia?

....

....

....

....

....

¿Por qué te estás esforzando, para seguir un puñado de normas santas o para conocer a Cristo de forma íntima? ¿Qué te hace más fuerte y más intensa en tu viaje espiritual?

....

....

....

....

....

¿Cómo sería acercarse tan cerca de Cristo que puedas experimentar su poder de resurrección? ¿Cómo estas de cerca a este respecto?

....

....

....

....

....

Fe para acercarte a Dios

HEBREOS 4:16; 10:19-25

Jesús lo ha experimentado y lo ha visto todo. ¿De qué manera te proporciona saber esto la valentía de acercarte a Él y pedirle ayuda, entendimiento y compasión? ¿Qué otra cosa necesitas que Él esté más que dispuesto a dar?

....

....

....

....

....

....

....

Ahora que Jesús ha abierto el acceso a Dios, ¿cuánta confianza tienes de ser presentable para Él? ¿Que cumplirá sus promesas y que nunca se retractará de su palabra?

....

....

....

....

....

....

....

....

....

....

La fe en nuestro futuro hogar

HEBREOS 11

Cuando tu Dios Creador habló, hizo que las cosas visibles surgieran de lo invisible. ¿De qué maneras sigue moldeando tu mundo la Palabra de Dios?

....

....

....

....

....

....

La Biblia contiene ejemplos sorprendentes de los caminantes históricos de la fe. ¿Cómo impulsa esta lista tu fe? ¿Con quién te identificas más?

....

....

....

....

....

¿De qué forma confirman las cosas invisibles —como el aire y la gravedad— tu creencia en Dios, Jesús y el Espíritu Santo? ¿Cómo te acercas a un Dios invisible? ¿Cómo te recompensa a ti, una buscadora ferviente y diligente?

....

....

....

....

....

La fe dirige las buenas obras

SANTIAGO 2:14-26

Tu fe queda revelada por tus actos. ¿Qué buenas obras te impulsa tu fe a realizar? ¿Cómo estás satisfaciendo estas ansias? ¿Le has pedido a Dios que apruebe la obra de tus manos?

....

....

....

....

....

¿Quién puede ayudarte hoy? ¿Qué acciones puedes emprender para aliviar el sufrimiento de alguien de forma directa o indirecta, abierta o encubierta?

....

....

....

....

....

¿De qué manera hacen tus obras que tu fe sea completa? ¿Cómo muestran tus obras a los demás que estás a bien con Dios?

....

....

....

....

....

La fe en el Espíritu

Jesús dejó al Espíritu Santo para que te ayudara a vivir, amar y servir a Dios y a su pueblo. ¿Qué palabras de alabanza tienes para el Ayudador y Consolador?

....

....

....

....

....

....

¿Cómo te está guiando el Espíritu Santo? ¿Qué verdades te está revelando?

....

....

....

....

....

¿Cuál de las funciones del Espíritu Santo —consolador, consejero, fortalecedor, preparador, abogado, intercesor, etc.— está desempeñando de manera más predominante en tu vida ahora mismo?

....

....

....

....

....

Fe en el resultado final

1 JUAN 5:1-12

El sacrificio de Jesús te da derecho a la vida eterna con Dios. ¿De qué forma se está mostrando Él, tu Salvador supremo, en tu vida?

....

....

....

....

....

Como creyente en Jesús, se considera que has nacido de Dios y que tu fe te proporciona la victoria sobre el mundo. ¿De qué maneras estás triunfando en tu vida, hija de Dios?

....

....

....

....

....

¿De qué forma cambia tu perspectiva cuando te das cuenta de que, por tu fe en Jesús, ya estás viviendo la vida eterna?

....

....

....

....

....

Obediencia a sus mandamientos

¿A quién crees que le habría resultado difícil amar a Jesús? ¿A quién *te* cuesta amar a ti? ¿De qué formas puedes amar a esa persona con el amor de Jesús?

....

....

....

....

....

Jesús te ordena amar como Él lo hizo y caminar como Él anduvo. ¿De qué forma actuar así no solo hace crecer tu fe, sino que también demuestra tu amor por Él?

....

....

....

....

....

¿De qué manera permanecer fiel a las enseñanzas de Cristo te mantiene fuertemente atada tanto a Cristo, tu Hermano, como a Dios, tu Padre?

....

....

....

....

....

La obediencia supera al sacrificio

1 Samuel 15:12-23

¿Cuándo te has enorgullecido de seguir los impulsos divinos para darte cuenta después de que no diste la talla en nada de lo que Él quería de ti?

....

....

....

....

....

¿Por qué podrías escuchar (u oír) solamente la mitad de lo que Dios afirma? ¿Qué puedes hacer para asegurarte de prestarle a Dios tu atención total, de manera que puedas ser obediente por completo?

....

....

....

....

....

Dios considera que tu obediencia y tu sumisión son más valiosas para Él que cualquier sacrificio u ofrenda que pudieras hacer. ¿En qué necesitas obedecer y qué precisas someterle hoy a Él?

....

....

....

....

....

La obediencia honra su santidad

Tu obediencia a la Palabra, a la voluntad y al camino de Dios siempre te mantendrán en la senda *justa*. ¿De qué forma resulta semejante sumisión en tu gozo y en el placer de Dios?

....

....

....

....

....

¿Cómo pueden mantener todo tu corazón en la búsqueda de Dios? ¿Qué puedes hacer para que tu apetito espiritual esté siempre estimulado y sea satisfecho?

....

....

....

....

....

¿Cuándo podrías haberte sentido lejos de donde Dios quería que estuvieses? En la Palabra de Dios, ¿qué te inspira a continuar siguiéndole para celebrar los logros en el camino de la fe?

....

....

....

....

La obediencia conduce a la justicia

——— DEUTERONOMIO 6; ROMANOS 2:1-16 ———

¿De qué manera te mantienen la obediencia a los mandamientos de Dios y adorarle solo a Él en la tierra que fluye leche y miel?

....

....

....

....

....

Acurrúcate a Dios, dile que le amas con todo tu corazón, tu alma y tu fuerza. Registra tus pensamientos y tus sentimientos. ¿Cómo podría mantenerte la práctica de este ejercicio en la senda correcta con Dios, y motivar a que otros te sigan?

....

....

....

....

....

¿De qué forma mantienen tu fe fuerte y tu caminar seguro los recuerdos de todo lo que Dios ha hecho por ti?

....

....

....

....

....

Obediencia por la liberación

—————— JOSUÉ 22:1-5; ROMANOS 6:17-18 ——————

¿Qué sientes que podrías haber dejado atrás para poder enfocarte más en lo que Dios te ha estado llamando a hacer? ¿Cuál es/fue tu recompensa por seguir fielmente tal como se te ordenó?

....

....

....

....

....

....

....

....

Dios quiere que le ames y le sirvas con todo tu corazón y tu alma. ¿Cómo te ayuda esto a obedecer todos sus mandamientos y a aferrarte con firmeza a Él?

....

....

....

....

....

....

....

La obediencia a Aquel que sustenta

JUAN 15:1-17

Cuando permaneces en Jesús, la Vid, su savia fluye a través de ti, te vigoriza, te nutre y te ama. ¿Qué pasos debes dar a diario para mantenerte en Jesús?

....

....

....

....

....

....

¿Cómo se convierte la obediencia en algo natural para alguien que permanece en Jesús, la Vid, cuidada por Dios, el Jardinero? ¿Cuánto más fácil es llevar fruto, pedir y recibir?

....

....

....

....

....

Jesús te escogió para vivir en ti, para amarte y salvarte. ¿De qué forma te resulta más fácil amarle a Él y a otros, a tu vez, solo por saber esto?

....

....

....

....

....

La obediencia produce fuerza

LUCAS 6:46-49; HECHOS 4:18-21

Jesús quiere que vengas a Él, escuches lo que te está enseñando, y entonces *obedezcas* las instrucciones que te está impartiendo. ¿Cómo refuerzan estos tres pasos tu fe?

....

....

....

....

....

¿En qué ámbitos de tu vida podrías estar llamando a Jesús «Señor», pero sin llegar hasta el final de lo que Él quiere que hagas?

....

....

....

....

....

¿Cuándo te han proporcionado tu fe y tu obediencia la fuerza de hacer y decir lo que Dios te ha llamado a hacer y decir, aun cuando esto significara ir en contra de la multitud o de las autoridades?

....

....

....

....

....

Obediencia a la verdad

SALMO 1; HECHOS 5:28-32

La Palabra de Dios contiene gemas de sabiduría que pueden ayudar a dirigirte a ti y tu vida. ¿Qué sucedería si convirtieras la búsqueda de estos tesoros de verdad en tu intento diario? ¿Qué joyas has encontrado hoy?

....

....

....

....

....

¿Cómo te prospera en la vida meditar en la verdad de la Palabra de Dios y la posterior *obediencia*, además de alimentarte?

....

....

....

....

....

¿De qué forma te aporta mayor confianza saber que tienes al Espíritu Santo, el heraldo de toda verdad, viviendo dentro de ti?

....

....

....

....

....

Obediencia sin preguntas

GÉNESIS 12:1-4; DEUTERONOMIO 11:1-15

Abraham salió por fe, obedeció sin preguntar y sin saber hacia donde iba. ¿Cuándo has hecho tú lo mismo? ¿Cómo bendijo Dios tu obediencia? ¿Qué milagros llevó a cabo?

....

....

....

....

....

....

¿Adónde podría Dios estar llamándote ahora? ¿Qué ejércitos u obstáculos podrían estar impidiéndote salir por fe?

....

....

....

....

....

¿Qué sientes al saber que, aunque deambules durante algún tiempo por un desierto, Dios cuidará de ti, porque obedeciste sin preguntar?

....

....

....

....

....

La obediencia rinde bendiciones

—————— LEVÍTICO 26:1-13; SALMOS 119:56-62; ——————

SANTIAGO 2:10-13

Adorar a Dios solamente y obedecer a su voluntad y su camino conduce a las bendiciones. ¿Cómo se ha demostrado esto en tu vida?

....

....

....

....

....

Piensa dónde has estado caminando últimamente. ¿Qué desvíos podrías haber tomado de la senda de Dios? ¿Adónde necesitas acudir para volver al camino correcto, y seguir la ruta que Él quiere que tomes?

....

....

....

....

....

¿Qué pequeña cantidad de desobediencia a Dios te podría estar confundiendo por completo?

....

....

....

....

....

Asuntos de obediencia

EZEQUIEL 5:7-8; JUAN 14:12-24

¿Cuándo ha resultado tu desobediencia a Dios en circunstancias poco agradables en tu vida?

....

....

....

....

....

Si estás sintiendo una disonancia entre tú y Dios, tómate tiempo para reflexionar. ¿Qué podría estar pidiéndote Él que hagas o que digas, o adónde podría haberte pedido que vayas?

....

....

....

....

Muestras tu amor a Jesús siguiendo sus palabras y sus enseñanzas. ¿Cómo te ayuda el Espíritu Santo a actuar así?

....

....

....

....

Crecer a través de sus promesas

Dios te insta a obedecerle por fe, a escucharle y a hacer todo lo que Él pide. Cuando lo hagas, Él llevará a cabo sus promesas. ¿Qué le estás oyendo decir a Dios en tu vida hoy? ¿A qué estás obedeciendo o desobedeciendo? ¿Qué promesas está cumpliendo Él?

....

....

....

....

....

....

....

....

¿De qué formas hacen crecer tu fe las promesas de Dios, te ayudan a volverle la espalda a este mundo lleno de imperfecciones, y te acercan más a las maravillas de una vida con Él?

....

....

....

....

....

....

....

....

....

Crecer a través de la semejanza con Él

—— EFESIOS 5:1; FILIPENSES 1:27; 1 FEDRO 1:13-22 ——

Dios quiere que le imites, que sigas sus pisadas; de tal Padre, tal hija. ¿De qué manera crece en ti el parecido con Él?

....

....

....

....

....

¿Qué cosa de tu viejo yo/vieja vida puede estar intentando hacerte volver a ese mundo primero? ¿Qué aspecto de tu nuevo yo/nueva vida te llaman a avanzar, a entrar al mundo de Dios? ¿Cómo podrías hacer que tu fe crezca para mantenerte en la esfera divina?

....

....

....

....

....

¿De qué manera tu amor por Dios, por ti misma y por los demás te están haciendo más como Cristo?

....

....

....

....

....

30 Días de lecturas bíblicas
con grandes mujeres de las Escrituras

¿Quién sabe si no llegaste a ser reina precisamente
para un momento como este?

ESTER 4:14 NTV

La Biblia contiene muchas historias de heroínas. El relato de cada mujer te proporciona un conocimiento profundo de cómo una de ellas en particular se relacionó con Dios, y viceversa. Muestra el mundo en el que vivía, su opinión al respecto y su familia, cómo vivió su vida y cómo llevó las pruebas y los triunfos. En los 30 días que siguen, empezando por Eva y acabando con Priscila, haz que descubrir lo que Dios pueda estar señalando en tu vida se convierta en tu intención. Considera cómo la propia historia de tu vida podría compararse a la de una mujer que vivió hace miles de años.

Como con los demás planes de lectura de la Biblia, te ruego que permitas que la Palabra de Dios hable por sí misma. Ora antes de leer los pasajes, y después considera el versículo de ese día con la intención de concentrarte tan solo en el comentario de Dios. Medita en lo que has leído. A continuación, subraya el versículo, o versículos, que el Espíritu destaque para ti. Luego, lee, reflexiona y responde a cada indicación para el diario, mantén la conversación entre tú y Dios siendo sincera contigo misma y con Él. Después, pronuncia una oración de agradecimiento por las percepciones que has recopilado, y pídele su fuerza y su poder para aplicar lo aprendido a tu vida, tu corazón, tu cuerpo, tu alma, tu espíritu y tu mente.

Eva

Eva, tu antepasada y madre de todos los seres humanos, fue apartada de la orden y de la voz de Dios a través de los deseos incorrectos de su corazón, el anhelo de poseer algo y el ansia de su propio ego. ¿Cuándo te ha ocurrido esto a ti?

....

....

....

....

¿Cuándo has tergiversado lo que Dios ha declarado para que encaje en una necesidad que quieres que se cumpla? ¿Cuál fue el resultado?

....

....

....

....

¿Cuándo has intentado ocultarte tú o esconder tus hechos de Dios? ¿Acabaste jugando a echarle la culpa a alguien o confesaste y le pediste perdón a Él?

....

....

....

....

Sara

¿Qué cosa que una vez pareció imposible ha sido posibilitada por Dios en tu vida, de la manera exacta en que lo prometió, y te produjo gozo y risa?

....

....

....

....

Sara se rio para sus adentros, y creyó que Dios nunca podría realizar una cierta promesa en su vida. ¿Te ha ocurrido esto a ti? ¿Te ha exhortado Él alguna vez al respecto? ¿Crees de verdad, en lo más profundo de tu corazón, que nada es demasiado difícil para el Señor?

....

....

....

....

¿Qué promesa estás queriendo que Dios cumpla hoy en tu vida? ¿Y si Él así lo quiere, y si se lo pidieras?

....

....

....

....

....

María

ÉXODO 2:1; 15:1-21

María se mantuvo a distancia, observando y esperando para ver lo que Dios haría. ¿Cuándo has actuado así? ¿Qué te ha mantenido vigilante y con la confianza de que Él obraría?

....

....

....

....

....

¿Qué te ayuda a salir de detrás de los juncos, acercarte a una situación de peligro potencial, y decir lo que Dios querría que dijeras?

....

....

....

....

¿De qué formas diriges a otras mujeres fieles? ¿Qué cántico querría Dios que entonaras en una celebración sobre Él y sus hechos?

....

....

....

....

....

Séfora

—— ÉXODO 4:18-31 ——

Aunque la historia de Séfora es breve, su valor y su determinación desempeñaron una gran función. ¿Cuándo has jugado un pequeño papel en la historia de alguien que lo salvó en cierto modo o que lo condujo a grandes cosas?

....

....

....

....

....

¿Qué valiente acción podría estar pidiéndote Dios que emprendieras para ayudar a que alguien cumpliera su llamado? ¿Qué valentías han realizado otros para ayudarte a cumplir el tuyo?

....

....

....

....

....

¿Cómo podría la valentía y la determinación ayudarte a meterte voluntariamente en peligro o desarraigarte y llevarte a un lugar desconocido para avanzar el Reino de Dios?

....

....

....

....

....

Rahab (Primera parte)

Rahab desobedeció a una autoridad o ley humana con el fin de obedecer a Dios o su ley divina. ¿Cuándo podrías haber hecho tú lo mismo? ¿Cuáles fueron los resultados de ponerse del lado de Dios y no del hombre?

....

....

....

....

....

¿Qué obra milagrosa de Dios te convenció de que Él es real, el Dios supremo al que se ha de adorar, obedecer y seguir? ¿Qué experiencia personal de la obra de Dios en tu propia vida te convenció incluso más?

....

....

....

....

....

¿Cómo sigues las instrucciones de los «exploradores» de Dios? ¿Qué disposición tienes a aceptar sus términos?

....

....

....

....

....

Rahab (Segunda parte)

Rahab y su familia fueron protegidos porque, aun a riesgo de su propia vida, siguió los impulsos de su corazón en favor de Dios. ¿En qué ámbito de tu vida podrías beneficiarte de seguir el ejemplo de Rahab?

....

....

....

....

....

¿Hasta qué punto ha llegado Dios en tu propia vida para cumplir su/s promesa/s hacia ti?

....

....

....

....

....

¿Cuándo han llevado el apartarte de la multitud local e ir en contra de las normas sociales a ser recompensada, no solo con la protección sino con una nueva vida?

....

....

....

....

....

Débora y Jael (Primera parte)

JUECES 4

Débora era sabia, valiente y justa. Jael tenía ingenio y coraje. ¿De qué forma podrías manifestar los mismos atributos que estas dos mujeres?

....

....

....

....

....

¿En qué situaciones te has sentido obligada o impulsada por Dios para que seas la fuerza real y el apoyo detrás del hombre (o de la mujer) que conduce a una empresa contra todo pronóstico?

....

....

....

....

¿Cuándo te has alejado de las funciones definidas de tu familia y has defendido a Dios y su pueblo? ¿Cuál fue el resultado?

....

....

....

....

....

Débora y Jael (Segunda parte)

Si le escribieras un cántico de victoria al Señor por lo que ha hecho en tu vida, ¿cuál podría ser la letra?

....

....

....

....

....

¿De qué forma te has levantado como madre para el pueblo de Dios? ¿Qué hábitos/rutinas te proporcionaron la fuerza y el valor de actuar así? ¿Qué te mantuvo de pie?

....

....

....

....

....

Dos mujeres aparentemente corrientes, que amaban a Dios, se levantaron con poder y, mediante un único acto de valentía, cambiaron la situación y condujeron a la victoria para Dios y su pueblo. ¿Ante qué te está Él impulsando a alzarte?

....

....

....

....

Rut (Primera parte)

La determinación, la persistencia y la generosidad de Rut la llevaron a vivir grandes cosas. ¿Cuándo has sido constante y te has pegado a alguien o algo, negándote a volver atrás? ¿Qué te impulsó? ¿Qué papel jugó Dios?

....

....

....

....

....

¿En qué situaciones te han llevado los actos de bondad tan lejos antes de regresar a lo familiar?

....

....

....

....

¿Qué bendiciones podrías hallar al recorrer más que la milla extra por alguien que esté solo y abandonado, amargado y carente? ¿Cómo podría recompensarte Dios?

....

....

....

....

....

Rut (Segunda parte)

RUT 2

Rut cayó a los pies de Booz en señal de gratitud por el trato del que la hizo objeto. ¿Cuándo fue la última vez que, de forma exuberante, le agradeciste a alguien su bondad, preguntándote si la merecías? ¿Cuál fue la respuesta de esta persona?

....

....

....

....

....

¿De qué formas has entrado a una zona extraña y nueva, y te has refugiado bajo las alas de Dios? ¿Cómo te ha mantenido firme y esperanzada tu consciencia del refugio de Dios?

....

....

....

....

....

La amabilidad a menudo engendra más amabilidad, la fidelidad, más fidelidad. ¿A quién puedes mostrarle hoy amabilidad? ¿A quién puedes serle fiel?

....

....

....

....

Rut (Tercera parte)

Rut conquistó a Booz y no a un joven rico. ¿De qué manera has renunciado a la ostentación y al glamur, y has ido por lo piadoso y lo bueno? ¿Cómo funcionó?

....

....

....

....

....

¿De qué te llena Dios las manos y la vida, que quiere que compartas con los demás? ¿Con quien puedes repartir tus bendiciones?

....

....

....

....

....

¿Cómo mantienes tu paciencia cuando estás esperando los resultados de las acciones de otra persona? ¿En qué versículos bíblicos podrías confiar para evitar mover la pierna con impaciencia?

....

....

....

....

....

Rut (Cuarta parte)

Rut fue mucho más allá del llamado del deber a permanecer leal a Noemí. ¿Cuándo has actuado así? ¿Qué te impulsó a hacerlo, Dios o la opinión pública? ¿De qué manera llevó tu generoso acto a bendiciones que superaban todo lo que habías esperado o imaginado?

....

....

....

....

....

....

....

¿Cuándo impulsó una obra tuya por alguien a que otros alabaran a esa persona y no a ti? ¿Cómo te sentiste cuando viste que fue ella quien se llevó las aclamaciones públicas? ¿Qué recompensa recibiste?

....

....

....

....

....

....

....

....

Ana (Primera parte)

1 SAMUEL 1

¿Cómo te echaron en cara, si es que esto ha ocurrido alguna vez, una carencia percibida? ¿De qué forma reaccionaste y respondiste?

....

....

....

....

El esposo de Ana la amaba tal como era. ¿Quién te ha querido a ti por quien eres? ¿Cómo te has sentido al respecto? ¿A quién amas tal como es? ¿Cómo crees que Dios te ama?

....

....

....

....

¿Cuándo fue la última vez que devolviste una bendición muy deseada a Dios? ¿Qué bendición puedes darle de vuelta a Él hoy?

....

....

....

....

....

Ana (Segunda parte)

Ana afirmó que Dios la había hecho fuerte. ¿A quién o qué atribuyes tu fuerza? ¿Por qué declara la letra del himno de Ana que nadie lo conseguirá solo con sus músculos?

....

....

....

....

....

¿De qué manera aceptas lo bueno del Señor? ¿Cómo recibes lo que viene de Él y no es tan bueno? ¿Cómo sería tu vida si adoraras a Dios con un corazón gozoso, independientemente de lo que te llegara?

....

....

....

....

....

¿Cómo podrías seguir alimentando tu don a Dios? ¿De qué forma te bendice Él una y otra vez, a causa de ello?

....

....

....

....

....

Abigail

¿Cuándo te has metido rápidamente, aunque de forma encubierta, en una situación y después te has humillado en un intento de evitar el desastre? ¿Cuál fue el resultado de tu intercesión? ¿Cómo piensas que fue Dios quien te instó a interceder? ¿De qué manera te ha recompensado Él por obedecer a sus impulsos?

....

....

....

....

....

....

....

El marido de Abigail, el impío Nabal, se describe como perverso, burdo, de mal carácter, malo y necio. ¿Cómo la retratarías a ella? ¿A cuál de sus cualidades piadosas podría Dios instarte a aspirar?

....

....

....

....

....

....

....

Ester (Primera parte)

ESTER 1:1–2:18

¿Cuándo has visto que tus elecciones enojadas se han vuelto contra ti? ¿Cómo podría desviar la ira al pueblo de Dios de su plan?

....

....

....

....

....

A Ester se le aconsejó que mantuviera sus orígenes en secreto. ¿Cómo podrías estar escondiendo secretos de los demás? ¿Cómo podría crear una disonancia este tipo de actuación en tu vida o con Dios? ¿Cómo podría protegerte esto del daño percibido?

....

....

....

....

....

¿Cuándo has sentido que eras tan solo una de muchas? ¿Qué se siente al saber que *Dios* te ve como alguien singularmente precioso y la reina de su corazón?

....

....

....

....

....

Ester (Segunda parte)

¿Cuándo ha conducido tu negativa, si es que ha sucedido alguna vez, a respetar a alguien o algo a una retribución en contra tuya? ¿De qué manera usó Dios las circunstancias para su beneficio o el tuyo?

....

....

....

....

....

¿De qué maneras difieren las leyes de Dios y las enseñanzas de Cristo de las que sigue el resto del mundo?

....

....

....

....

....

Considera la idea de que tal vez fuiste creada por Dios para vivir en este lugar y en este momento con una razón, propósito o deber específicos. ¿Cuál podría ser?

....

....

....

....

....

Ester (Tercera parte)

ESTER 5

Ester oró y ayunó antes de dar un paso atrevido. ¿Cuándo ha ocurrido algo tan relevante en tu vida que oraste y ayunaste antes de actuar? ¿De qué manera te ayudó esto?

....

....

....

....

....

¿Cuándo has usado medios apacibles para distraer la amenazante violencia dirigida contra ti por otros? ¿De qué manera permitió tu respuesta calmada, en lugar de airada, que Dios obrara? ¿Cuál fue el resultado?

....

....

....

....

....

¿Cuándo has permitido que una situación decepcionante eclipsara el gozo y el aprecio por todas las bendiciones que te rodean? ¿De qué forma podría haberte llevado esto a una derrota momentánea?

....

....

....

....

Ester (Cuarta parte)

ESTER 6

Tu obediencia a Dios y la de los demás tienen un efecto dominó. ¿En qué momento te ha ayudado la obediencia de otra persona al impulso de Dios en *tus* planes? ¿De qué manera te ha estimulado a estar más dispuesta a obedecer las instancias de Dios en tu propia vida?

....

....

....

....

....

....

....

¿Cuándo te han conducido tu orgullo y tu ego cuesta abajo, a una senda increíblemente desagradable e imprevista de humillación? ¿De qué forma podría Dios haberlo permitido para traerte de regreso a Él, a su voluntad, su camino y su propósito para ti?

....

....

....

....

....

....

....

Ester (Quinta parte)

—— ESTER 7 ——

La humildad de Ester acabó reportándole gran reconocimiento. ¿Te ha sucedido esto alguna vez?

....

....

....

....

¿Alguna vez te ha llevado tu desesperación a emprender una acción inadecuada, cuyo resultado fue más problemas aún? ¿Qué versículos bíblicos podrían aportarte paz y consuelo en medio de la desesperación, y a continuación levantarte y sacarte del abismo para situarte en un lugar seguro con Dios?

....

....

....

....

....

¿Cuándo, si se ha dado el caso, has imaginado venganza y juicio para alguien que en tu opinión ha caído? ¿Cómo podría esto demostrar los beneficios de seguir el decreto de Jesús de amar a tus enemigos?

....

....

....

....

Ester (Sexta parte)

¿Cuándo se usó para tu bien algo que, una vez, se había utilizado para vuestro mal? ¿Qué te sugiere esto respecto al plan global divino para tu vida?

....

....

....

....

....

....

Una vez Ester adoptó su valentía inicial, esta siguió creciendo en su interior. ¿De qué forma se ha demostrado en tu vida la idea de que realizar un acto de valentía te fortalece para actuar con mayor coraje en tu propia vida?

....

....

....

....

....

¿Cuándo ha convertido Dios tu ira en bendición, tu temor en fortuna, tu desaliento en deleite, tu preocupación en admiración?

....

....

....

....

....

Ester (Séptima parte)

ESTER 9:1—10:3

Gracias a la piadosa Ester, los planes humanos mejor concebidos de Amán lo llevaron a su propia caída. ¿Cuándo ocurrió exactamente lo opuesto a lo que tú esperabas? ¿Cómo usó Dios esto para aumentar tu fe y avanzar su Reino?

....

....

....

....

....

¿Cuándo has visto que alguien recogía lo que había sembrado, y cosechaba lo que merecía? ¿De qué manera ha afectado esta ley espiritual a tu propia vida?

....

....

....

....

....

¿De qué forma ha convertido Dios tu tristeza en alegría, tu lamento en gozo? ¿Cómo celebras y conmemoras estos acontecimientos?

....

....

....

....

La mujer virtuosa

Algunos eruditos creen que la Mujer Virtuosa de Proverbios 31 es la personificación de la sabiduría, un resumen de todos sus atributos tal como los contiene el libro de Proverbios. ¿Cómo podría tu percepción de esta mujer virtuosa y de ti misma cambiar al leer este capítulo bajo esa luz?

....

....

....

....

....

....

....

El carisma es algo que induce a error y la belleza no dura para siempre, pero una mujer que teme a Dios con reverencia será muy alabada. ¿De qué forma te estimula esta verdad para que aspires a ser en menos medida una Mujer Maravilla mundana y en mayor grado una Mujer sabia del Camino?

....

....

....

....

....

....

....

Elisabet

Dios había escuchado las oraciones de Zacarías para que Elizabet tuviera un hijo. ¿Cuándo han producido las oraciones de otra persona un gozoso milagro en tu propia vida? ¿Cómo te alienta esto a orar por los demás?

....

....

....

....

....

....

....

Aunque Zacarías y Elisabet eran obedientes a Dios, el sumosacerdote dudada de la capacidad de Dios de hacer lo que prometió. ¿Cómo podrían tus dudas —verbalizadas o calladas— construir obstáculos en tu vida? ¿Cómo podría estar Dios obrando en torno a ti y tus recelos para que salgas airosa y con bendiciones? ¿Qué puedes hacer para derribar cualquier duda que cree obstáculos?

....

....

....

....

....

....

....

....

....

María

Cuando estás llena de confusión y dudas, ¿cómo irrumpe la voz de Dios, sus palabras de «No temas; eres la niña de mis ojos» en tus pensamientos y cómo potencia tu fe?

....

....

....

....

....

María le respondió a Dios que era su sierva, preparada, dispuesta y capaz para que Dios la usara como quisiera. ¿De qué forma podrían cambiar tu actitud y tu perspectiva si hicieras lo mismo?

....

....

....

....

....

¿De qué manera eres bendecida por haber creído que Dios haría lo que declaró que llevaría a cabo?

....

....

....

....

....

Ana

LUCAS 2:1-40

Ana la profetisa oró sin cesar, aguardando con paciencia que las promesas y las profecías que Dios había hecho hacía mucho tiempo se convirtieran en realidad. ¿Cómo es de expectante tu fe en lo que Dios va a hacer en tu vida y en el mundo? ¿Cómo podrías esforzarte en esperar con esperanza expectante, dedicar más tiempo a la oración?

....
....
....
....
....
....
....
....

¿De qué formas has convertido a Dios en el centro de tu mundo? ¿Qué puedes hacer para volver o acercarte más a Él?

....
....
....
....
....
....
....
....

María, la hermana de Lázaro

Marta, la hermana de María, estaba preocupada y molesta. Sin embargo, María estaba tranquila y decidida a sentarse a los pies de Jesús, independientemente de lo que comentaran o afirmaran los demás. ¿Qué hay en tu vida que te esté preocupando y molestando? ¿Cómo podrían estas angustias impedirte que elijas lo bueno, acurrucarte cerca de Jesús, mantener tu enfoque en Él y escuchar con atención a lo que Él tenga que decir?

....

....

....

....

....

....

....

....

¿Qué barreras rompes al acercarte más a Jesús, ungiéndolo con tu tiempo y tu devoción?

....

....

....

....

....

....

....

....

María Magdalena

JUAN 20:1-18

María Magdalena no quería descansar hasta haber encontrado a Jesús y haber hecho por Él lo que pudiera. ¿En qué sentido tienes su misma determinación, su amor, su paciencia, para buscar, servir y hallar a Jesús?

....

....

....

....

¿En qué situaciones te has sentido cansada, desesperada, confusa, insegura, desconectada y has empezado a llorar y a preguntarte donde está Jesús y cómo podrías encontrarle?

....

....

....

....

¿Cuántos giros tienes que dar para reconocer que el Jesús a quien buscas está justo delante de ti, y pronuncia tu nombre con amabilidad y amor?

....

....

....

....

Dorcas y Lidia

Hechos 9:32-42; 16:11-40

Dorcas ayudaba siempre a los demás. Lidia, la mercader, ofreció su corazón a Dios y su hogar a los siervos de Él. ¿Qué tipo de cosas haces por otros? ¿De qué manera te «levanta» esto en lo espiritual, emocional y mental? ¿Cómo deleita a Dios y a ti?

....

....

....

....

....

....

¿A qué ha abierto el Señor tu corazón hoy por medio de la oración y la adoración? ¿Cómo te impulsa esto a abrirte a los demás?

....

....

....

....

....

¿De qué forma alientas y ministras a otros creyentes?

....

....

....

....

....

Priscila

HECHOS 18

Pablo conoció a Aquila y Priscila, que eran fabricantes de tiendas y empezó a ministrar con ellos. ¿A quién ha traído Dios a tu vida —una nueva amiga, un familiar, un colaborador, otro creyente— con quien sientes el impulso de iniciar un ministerio? ¿Qué tipo de ministerio podría ser?

....

....

....

....

....

¿A quién te sientes guiada a tomar aparte y explicarle el camino de Dios con mayor precisión? ¿Cómo podría conducir esto a que la Palabra de Dios se difunda aún más?

....

....

....

....

....

¿A qué otro creyente puedes alentar hoy?

....

....

....

....

....

30 Días de lecturas bíblicas
sobre la gratitud

No se preocupen por nada; en cambio, oren por todo.
Díganle a Dios lo que necesitan y denle gracias por todo lo que él ha hecho.
Así experimentarán la paz de Dios, que supera todo lo que podemos
entender. La paz de Dios cuidará su corazón y
su mente mientras vivan en Cristo Jesús.

Filipenses 4:6-7 NTV

Imagina en qué mundo asombroso vivirías si intentaras no preocuparte por nada, sino que acudieras a Dios respecto a todo. Decirle lo que necesitas, mientras le das las gracias por todo lo que ha hecho. Permitir que tus necesidades y tu gratitud moldeen tus oraciones tal como sean impulsadas por el Espíritu. No inquietarse por entender algo mal. Sabiendo que el Espíritu hará que a Dios le suene bien, a Él que te conoce como nadie más.

Adoptar un espíritu de gratitud y oración te ayudará, incluso durante los tiempos más difíciles a experimentar esa paz abrumadora y misteriosa de Dios.

Empieza por aquí. Durante los próximos 30 días, lee los pasajes de la Biblia que siguen. Subraya el versículo que más te toque. Medita en lo que has leído. A continuación, pasa a las ayudas para escribir tu diario, y pídele a Dios que te ilumine, que te señale lo que Él quiere que escuches, sepas, recuerdes. Entonces, en algún momento antes de retirarte a descansar esa noche, anota cinco cosas por las que quieras dar las gracias a Dios, sean estas cosas pequeñas o grandes. Y, enseguida, te verás rebalsada no solo por la gratitud, sino por la paz en Cristo Jesús.

Dios es nuestro escudo

SALMO 28

¿Cuál de estos clamores del salmista te llegan más? ¿De qué forma se compara este clamor con lo que está sucediendo ahora mismo en tu vida? ¿Qué remedio proporciona este salmo para tratar con cualquier problema que tengas ante ti?

....

....

....

....

....

¿De qué maneras te fortalece espiritualmente confiar en Dios desde lo más profundo de tu corazón?

....

....

....

....

....

Imagina a Dios como tu escudo impenetrable, tu fortaleza, el pastor que te protege y te alimenta, que te llevará adelante por siempre. Escribe una oración de acción de gracias por todo lo que Él es para ti.

....

....

....

....

Dios nos escucha

¿Cuándo has sentido como si un gran pez te hubiera tragado? ¿Qué pasos —pensamientos y acciones— *llevaste a cabo* que te llevaron a esa situación?

....

....

....

....

Las algas se envolvían alrededor de su cabeza, ahogándolo, impidiéndole escuchar, respirar o hablar, y Jonás se hundió. ¿De qué manera te liberas de los tentáculos que amenazan con tirar de ti y apartarte de Dios?

....

....

....

....

¿Cuándo el mero recuerdo del Señor te ha arrancado de las fauces de la muerte y te han llevado de regreso a la vida? ¿Qué alabanza ofreciste a Dios en respuesta?

....

....

....

....

....

Dios es misericordioso

SALMO 33

La Palabra de Dios es verdad. Sus planes no pueden ser frustrados jamás. ¿Cómo se ha demostrado esto en tu vida? ¿De qué forma te ayuda a hacer planes saber que los de Dios no pueden ser conmovidos?

....

....

....

....

....

¿De qué manera llena la tierra, y a ti, el amor incondicional (alias misericordia) del Señor? ¿Cómo confías en ese amor inagotable?

....

....

....

....

¿Cómo te ayuda la amorosa bondad de Dios a seguir esperando y confiando en Él? ¿De qué manera te ayuda a extender misericordia a los demás?

....

....

....

....

....

Dios es fiel

—— 1 CRÓNICAS 16:7-36 ——

¿Cómo inquieres y buscas de forma continua a Dios y su fuerza de un modo continuo? ¿De qué manera te lleva esto a adorar?

....

....

....

....

....

Piensa en las bendiciones que Dios ha concedido a su pueblo y a ti. ¿Cómo refuerza el recordar todo el bien que Él ha hecho la idea de que Dios es fiel a ti y a su Palabra, y siempre lo será?

....

....

....

....

¿De qué maneras te ha protegido Dios en el pasado? ¿En el presente? ¿Cómo aumenta tu lealtad a Dios cuando piensas en su fidelidad hacia ti?

....

....

....

....

....

Dios es accesible

SALMO 42:1-4

¿Adónde vas cuando tu ser interior quiere beber de Dios, cuando estás sedienta de Él, de su amor, de su presencia?

....

....

....

....

....

¿Cuándo fue la última vez que tu corazón se rompió, que tus lágrimas fueron tu único alimento, que las personas se burlaban de ti y de tu fe, que apenas podías recordar la última vez que adoraste a Dios? ¿Qué haces para hallar alivio?

....

....

....

....

....

¿De qué maneras puedes encontrar a Dios no solo cuando estás en la cima del monte, sino cuando estás atascada en el valle?

....

....

....

....

....

Dios es bueno

ESDRAS 3:7-13

El templo de Dios está dentro de ti. ¿De qué formas has empezado a reedificar ese templo, has trabajado en la estructura que alberga al Espíritu de Dios? ¿Qué estás dando, proveyendo, ordenando y qué haces en realidad para prepararte?

....

....

....

....

....

¿Cómo y cuándo celebras cada paso completado del proceso? ¿Qué haces para alabar y agradecer a Dios?

....

....

....

....

....

¿Qué cántico podrías escribir para expresar todo el gozo que sientes porque Dios sea tan bueno y que su amor dure para siempre?

....

....

....

....

....

Dios provee para nosotros

—— SALMO 65 ——

Dios tiene muchos nombres, de los cuales Yahvé-Yireh, es Dios el Provee-dor (Génesis 22:13-14). ¿De qué forma te ayuda saber que Dios proveerá todo lo que necesites, a aniquilar los pensamientos y los sentimientos de carencia?

....

....

....

....

....

¿Cómo podrías agradecerle a Dios las bendiciones y el gozo que recibes, porque Él *te* ha creado, *te* ha escogido y *te* anhela?

....

....

....

....

....

¿De qué formas te parece que las respuestas fieles de Dios a tus oraciones en el pasado y en el presente te dan esperanzas para el futuro?

....

....

....

....

....

Dios es digno de alabanza

—— SALMO 69:30-36 ——

¿De qué formas tus cánticos de alabanza y acción de gracias, tus expresiones de gratitud, son más agradables para Dios que un sacrificio animal? ¿Cómo se hace Dios mayor con tu alabanza? ¿Cómo puedes llegar a ser más humilde?

....

....

....

....

Dios oye todos tus clamores pidiendo ayuda. ¿Por qué clamas hoy? ¿Por qué te gustaría alabarle respecto al mañana?

....

....

....

....

....

¿Qué haces para buscar a Dios primero en tu vida, como tu necesidad por encima de las demás personas, lugares y cosas? ¿Cómo fortalece este modo de actuar tu corazón y te alienta actuar de esta forma?

....

....

....

....

Dios es nuestra salvación

ISAÍAS 12

Independientemente de lo que esté sucediendo en tu vida, Dios quiere que vuelvas a Él, llevarte al hogar, a su presencia, allí donde perteneces. ¿De qué formas anhelas hoy su consuelo y su protección?

....

....

....

....

....

....

¿De qué manera te ayuda a confiar en Dios y a tener valor el pensar que Él es tu fuente de fuerza y tu cántico de gozo?

....

....

....

....

....

¿Cómo les cuentas a los demás lo que Dios ha hecho en tu vida? ¿De qué forma extiende tu alabanza su fama y su nombre?

....

....

....

....

....

Dios obra a nuestro favor

SALMO 75

Dios tiene tantos nombres diferentes: Abba, Proveedor, Creador, Consolador, Pastor, Sanador, Paz, Protector, Amigo, Redentor, Restaurador, Roca, Agua viva, Señor de los ejércitos, etc. ¿Cómo te ayudan estos nombres a recordar todas las maravillas que Dios ha realizado, está realizando y realizará? ¿Cuál de estas cosas te dice más hoy?

....

....

....

....

....

....

....

....

¿Qué alabanzas acuden a tus labios sabiendo que Dios, Aquel que está de tu parte, decidirá quién se levanta y quién cae? ¿Cómo te ayuda esto a enfrentarte al hoy y esperar en el mañana?

....

....

....

....

....

....

....

....

Dios nos restaura

— JEREMÍAS 30:18-22 —

Dios te está pidiendo de manera continua que «contemples». ¿Qué quiere Él que veas con los ojos de la expectación?

....

....

....

....

....

¿Qué sucede cuando tú, desde un lugar que parece superar toda reparación, empiezas a alabar a Dios sabiendo que Él acudirá a tu lado y te volverá a edificar de nuevo? ¿Qué está Dios moviendo para restaurarlo en tu vida? ¿Qué alabanzas entonarás conforme Él lo levanta todo?

....

....

....

....

....

¿Qué se siente al saber que, en las duras y en las maduras, en los altibajos, Dios siempre será tu Dios y tú siempre serás su hija?

....

....

....

....

....

Dios es un gran Dios

—— SALMO 95 ——

¿Qué se siente cuando entras en la grandeza de la presencia de Dios? ¿Qué ves y qué haces? ¿Qué ve Él, qué oye y qué hace?

....

....

....

....

....

....

Dios no solo es asombrosamente grande e impresionante como una montaña, sino también afable e íntimo como un pastor contigo, su preciosa oveja. ¿De qué maneras podría estar Él instándote a prestar atención a su voz para que estés a salvo y segura?

....

....

....

....

¿Cómo te ayuda a entrar en el reposo de Dios alabar su grandeza?

....

....

....

....

....

Dios repara lo que está roto

JEREMÍAS 33:1-11

Dios anhela que clames a Él para poder responder en sabiduría, fuerza y sanidad. ¿Cómo clamas a Él?

....

....

....

....

....

¿Qué cosas asombrosas, qué secretos podría estar preparado, dispuesto y esperando comunicarte con solo pedírselo el Señor, Aquel que hizo el cielo y la tierra?

....

....

....

....

....

¿De qué maneras pueden sanarte, curarte, fortalecerte, reedificarte las palabras de Dios? ¿Cómo acallas la conversación en tu mente y abres las secciones de tu corazón para escuchar mental y espiritualmente la voz de Dios?

....

....

....

....

Dios se preocupa por ti

SALMO 100

Eres una oveja en los pastos de Dios, quien te proporciona un amor continuo e inagotable. ¿En qué grado te hace sentir esto segura y cuidada?

....

....

....

....

....

¿Cómo entras por las puertas de Dios? ¿Con acción de gracias y alabanzas o resentimiento y quejas? ¿De qué forma podría depender tu respuesta o se vería contaminada por lo que está sucediendo en tu vida? ¿De qué forma podría tu alabanza cambiar tu vida?

....

....

....

....

....

¿Qué puedes hacer para que «¡Gracias!» sea tu contraseña para entrar a la presencia de Dios?

....

....

....

....

....

Dios ve la imagen panorámica

2 CORINTIOS 4:7-18

Aun cuando te veas presionada por todas partes, confusa y, tal vez, incluso desesperada, Dios, quien ve la imagen panorámica, te tiene a cubierto. Él te equipa con *su* poder, el mismo que levantó a Jesús de los muertos y vence todas las cosas. ¿Cómo podría este hecho cambiar tu percepción de indefensión en algunas situaciones?

....

....

....

....

....

....

....

¿Cómo tocas cada día el poder renovador de Dios? ¿De qué manera puedes mantener tus ojos enfocados en las cosas que no se pueden ver y depositar en ellas tu esperanza?

....

....

....

....

....

....

....

Dios es nuestra fuerza

Tu Dios tiene una fuerza que supera todo lo que pueda imaginar cualquier ser humano. ¿Cómo podría hacerte más fuerte hablarles a los demás de la fuerza divina y de todo lo que Él hace?

....

....

....

....

....

¿Qué ocurre en los días en que intentas hacer las cosas con tu propia fuerza? ¿Qué ocurre cuando te tomas el tiempo de acceder a la fuerza de Dios? ¿Cómo puedes hacer esto de manera continua?

....

....

....

....

....

¿Qué palabras de gratitud acuden a tu mente cuando consideras todo aquello para lo que Dios te ha fortalecido?

....

....

....

....

....

Dios ama al dador alegre

2 CORINTIOS 9:6-15

¿Cómo puedes convertir aquello que le das a Dios en algo que quede tan solo entre tú y él, sin palabras ni presión de nadie más?

Dios quiere que des de corazón, y Él te bendecirá a cambio, de acuerdo con esa cantidad, ni más ni menos. ¿Cómo podría esto quitar la culpa de dar más o menos?

Lo que das te bendice a ti, el dador, a otros, los receptores, y a Dios, el proveedor. ¿Cómo le darás las gracias a Dios por las triples bendiciones de dar?

Dios nos rescata

———— SALMOS 106:1-8 ————

Dios es tu guardavidas siempre vigilante. ¿De qué te rescata? ¿Qué peligros creas tú misma?

....

....

....

....

....

¿De qué formas intentas rescatarte tú misma? ¿Qué suele suceder cuando tomas los asuntos en tus propias manos en lugar de dejarle espacio a Dios para que obre?

....

....

....

....

....

¿Qué poderes demuestra Dios cuando te rescata? ¿Qué pasos podrías haber dado para soltar el control y permitir que Él entre y haga lo que necesite hacer? ¿Cómo podrías facilitar tú sus esfuerzos salvavidas con solo abrir la mano y soltar?

....

....

....

....

Dios conserva nuestra historia

SALMOS 106:9-48

Has formado parte de la historia de Dios —de la *Historia*— de principio a fin. ¿Qué lecciones has aprendido de ello? ¿De qué manera te ayuda a crecer en tu fe?

....

....

....

....

....

¿Cuál es la lección más importante que has aprendido de una persona, historia o versículo de la Biblia? ¿Cuál es tu personaje favorito de la Biblia? ¿Por qué? ¿Qué te ha enseñado esa persona respecto a tu vida? ¿Sobre la fe? ¿Sobre ti misma?

....

....

....

....

....

¿Por qué podría Dios estar conservando tu propia historia? ¿Cómo podrías agradecerle que lo haga?

....

....

....

....

....

Dios nos bendice

EFESIOS 1:3-14

Porque eres una con Cristo, ¡Dios te ha bendecido más allá de lo que se pueda creer! ¿Qué cosas podrían impedirte de permanecer en Cristo y recibir toda bendición espiritual que viene con ello?

....

....

....

....

....

Adoptada en la familia de Dios, ahora eres su hija. De hecho, ¡Él te escogió para sí antes de que el mundo o tú misma fueran creados! ¿Cómo te bendice esto? ¿Cómo podrías bendecir a Dios?

....

....

....

....

....

¿De qué forma puedes transmitir las bendiciones de Dios a otras personas? ¿A quién podrías bendecir hoy?

....

....

....

....

....

Dios satisface

¿De qué manera satisface Dios la sed y el apetito de tu alma? ¿Cómo sana, libera y liberta su Palabra?

....

....

....

....

....

....

Si clamas a Dios, ¡Él no solo calma las aguas y detiene las olas, sino que te lleva a puerto seguro! ¿Cómo ha calmado Él tu tormenta, tranquilizado las olas y te ha traído de nuevo al puerto que deseabas?

....

....

....

....

....

¿Dónde más, aparte de Dios, podrías estar buscando satisfacción? ¿Cómo podría Él estar llamándote de nuevo a buscarle solo a Él?

....

....

....

....

....

Dios resucitó a Jesús

EFESIOS 1:15-23

¿Con cuánta frecuencia oras pidiendo iluminación —sabiduría espiritual y percepción— para que puedas conocer mejor a Dios y su plan para ti?

....

....

....

....

....

Reflexiona en todo el increíble poder que Dios te ha dado. ¿Cómo te proporciona mayor confianza en Dios y gratitud por Él y por su plan para tu vida saber que tienes el mismo poder que resucitó a Cristo de los muertos?

....

....

....

....

¿Qué sucede con tus preocupaciones cuando recuerdas que Cristo es la persona y la presencia más poderosa y gratificante de tu vida?

....

....

....

....

....

Dios nos ayuda

SALMOS 118:1-12

Dios está tratando de tender hacia ti una mano de ayuda, alcanzar tu vida y tirar de ti para sacarte de potenciales atolladeros. ¿En qué ámbitos de tu vida podrías estar recurriendo a personas y no a Dios en busca de ayuda? ¿En quién está tu confianza?

....

....

....

....

....

¿Por qué es mucho mejor confiar y refugiarse en Dios y no en los gobernantes terrenales?

....

....

....

....

¿De qué forma te proporcionará confianza saber que Dios te ayudará y que su amor por ti es eterno, para enfrentarte a cualquier cosa, independientemente de quién o qué esté contra ti?

....

....

....

....

Dios lucha por nosotros

SALMOS 118:13-24

El brazo derecho de Dios tiene más poder que todo tu cuerpo. ¿Cómo podrías estar intentando luchar contra las cosas con tus propias fuerzas? ¿Cómo podrías empezar a dejar que Dios pelee por ti?

....

....

....

....

....

¿Cuándo ha luchado Dios por ti en el pasado? ¿Cómo te sentiste al dejárselo todo a Él, sabiendo que Él tenía el mejor plan y el poder mayor?

....

....

....

....

¿Qué ocurriría si contemplaras el día de hoy como el día que Dios te ha dado, y sencillamente te regocijaras en él, dejando todos los roces presentes y potenciales en las manos de Dios?

....

....

....

....

....

Dios concede el éxito

——— SALMOS 118:25-29 ———

Puedes orar para que Dios te dé éxito. ¿Lo has intentado alguna vez? ¿Qué te impide hacerlo? ¿Cómo podrían ser, en realidad, tu prosperidad en la vida y en el espíritu un triunfo para Dios?

....

....

....

....

....

¿De qué forma hace Dios resplandecer su luz en tu vida, y te guía a tomar mejores decisiones?

....

....

....

....

....

¿Cuándo te ha dado éxito Dios? ¿A quién acreditaste por ello? ¿Cuándo fue la última vez que le diste las gracias por concederte la victoria? ¿Por qué podría ser mejor arrojar la luz de tu éxito sobre Dios y no sobre ti misma?

....

....

....

....

....

Dios aporta paz

La Palabra de Dios te indica que te regocijes sistemáticamente en el Señor, independientemente de lo que esté sucediendo en tu vida. ¿Cómo puedes convertir esto en un hábito?

....

....

....

....

....

¿De qué forma te ayuda tener una conversación con Dios, participarle todas tus necesidades y agradecerle todo lo que Él ya ha provisto, está proveyendo y proveerá, a reconocer y experimentar su paz?

....

....

....

....

¿Cuáles de las cosas en las que piensas o de los versículos en los que meditas pueden ayudarte a mantener tu mente en lo que es digno de alabanza?

....

....

....

....

Dios es amoroso

David, el salmista, dio gracias a Dios con todo su corazón. ¿Cómo es tu alabanza y tu agradecimiento a Él? ¿A regañadientes o de todo corazón? ¿Contenida o fluida? ¿Rara o común? ¿Escasa o rebosante?

....

....

....

....

....

....

¿De qué formas te responde tu amoroso Dios, tan pronto como oye tu oración? ¿Cómo te alienta la fuerza que Él da?

....

....

....

....

Dios te ama. ¿De qué manera te proporciona confianza saber que Él llevará a cabo todos sus planes para tu vida, y que acabará lo que comenzó en ti?

....

....

....

....

....

Dios nos justifica

¿A qué te ha llamado Dios? ¿De qué forma te ayuda Él a vivir una vida digna de Él y de su propósito para ti? ¿Cómo te ayudan tus oraciones a permanecer en la senda correcta con Dios?

....

....

....

....

....

Dios te proporciona el poder para hacer *todo* lo que tu fe te ha impulsado a realizar. ¿Cómo te concentras en estos impulsos? ¿Cuánto tiempo tardas en responder?

....

....

....

....

....

¿De qué manera honrará a Dios que vivas una vida recta según su voluntad y su camino?

....

....

....

....

....

Dios sana a los quebrantados de corazón

SALMO 137

El principal interés de Dios está en ti, su hija. Él anhela restaurarte, vendar tus heridas y atraerte a sus brazos, dejarte llorar sobre su hombro hasta que estés lista para enfrentarte una vez más al mundo. ¿Qué bálsamos provee Dios para ti?

....

....

....

....

....

¿Cuándo fue la última vez que tu corazón se rompió? ¿De qué forma buscaste el toque sanador de Dios?

....

....

....

....

....

¿Cómo te facilitó el que Dios sea todo poderoso y lleno de comprensión que corrieras a Él en busca de solaz en vez de acudir a un congénere?

....

....

....

....

....

Dios es el vencedor sobre todo

APOCALIPSIS 7:9-17

No hay nada más poderoso, maravilloso o amoroso que Dios. ¿Cómo describirías su poder? ¿Cómo detallarías el tuyo? ¿De qué forma te ayuda esta comparación a dejar tus batallas en las manos de Dios?

....

....

....

....

¿De qué manera te trae la victoria cantar alabanzas a Dios antes de que comience la lucha?

....

....

....

....

¿Cómo has sido testigo del poder vencedor de la Palabra de Dios obrando en el mundo? ¿De qué forma te ha ayudado ella a cumplir los retos y ganar las batallas en tu propia vida?

....

....

....

....

30 Días de lecturas bíblicas
sobre el perdón

Ustedes tienen que vestirse de tierna compasión, bondad, humildad,
gentileza y paciencia. Sean comprensivos con las faltas de los demás
y perdonen a todo el que los ofenda. Recuerden que el Señor
los perdonó a ustedes, así que ustedes
deben perdonar a otros.

¡El perdón de Dios! ¡Cuán increíble, milagrosa y maravillosa son su gracia, su favor inmerecido, su amor y su bondad! Cuanto más entiendas cómo te ha perdonado Dios, más le amarás a Él y te nacerá del corazón perdonar a otros en tu vida.

Los sentimientos de amargura, los pensamientos de venganza, las emociones integradas en la frustración, todas estas cosas se desvanecen cuanto mejor entiendes lo que Dios ha hecho por ti a través de la muerte de Jesús. Y más humilde serás al procurar el perdón de los demás, perdonar a otros y a ti misma también.

Hay muchas cosas maravillosas esperándote en los próximos 30 días, conforme vas ganando entendimiento de lo que Dios ha presentado para ti en su Palabra, y sus planes para ayudarte a convertirte en aquello que Él ha imaginado para ti. Como siempre, ora antes de leer el pasaje. Subraya cualquier versículo que te toque. Medita en las Escrituras y después lee las indicaciones para escribir el diario, reflexiona en ellas y respóndelas, sabiendo que el Espíritu revelará cosas que jamás habrías soñado o imaginado.

Un hermano perdona

Un engañador se humilló, buscando el perdón sumamente deseado de la persona a la que había perjudicado. ¿Has hecho alguna vez lo mismo? ¿Cómo reuniste el valor para acercarte a ella? ¿Qué precauciones tomaste? ¿Qué apaciguamientos hiciste?

....

....

....

....

¿Qué oración podrías elevar antes de acercarte a alguien para pedir perdón? ¿Qué promesas de Dios podrías mantener en tu mente para impulsar tu resolución?

....

....

....

....

¿Cómo podría ayudarte tu sensación de ser indigna del amor, de la fidelidad y del perdón de Dios a extender tu amor, tu fidelidad y tu perdón a otros?

....

....

....

....

Las transgresiones de tus hermanos

GÉNESIS 50:1-21

¿Qué sucede cuando un mediador —alguien que fue un pacificador entre tú y otra persona— ya no está en escena? ¿Cómo podría ayudarte la gracia de Dios en tu relación con esa otra persona?

_____

_____

_____

_____

_____

¿De qué manera te ayuda a tener paz con Dios, contigo misma y con tus ofensores saber que es Él quien reparte justicia?

_____

_____

_____

_____

_____

La intención de Dios es que todo lo que te suceda sea para tu bien. ¿De qué forma te ayuda este hecho a buscar el bien en todos los sucesos y las personas?

_____

_____

_____

_____

_____

Dios, misericordioso y lleno de gracia

Dios derrama su amor con abundancia sobre ti, perdonando y olvidando todos los pasos en falso que has dado en tu caminar con Él. ¿Qué hace por ti este conocimiento?

....

....

....

....

¿Cómo cambiarían tu perspectiva y tu actitud si le pidieras cada día a este extraordinario y misericordioso Dios que viaje contigo, que manifieste su poder, que vaya delante de ti y que ahuyente a todos tus verdaderos enemigos?

....

....

....

....

Apunta algunas de las instrucciones que Dios te está dando hoy. ¿Con quién podría Él querer que tuvieras misericordia y gracia?

....

....

....

....

No hay Dios como tú

Nadie, ningún dios, es tan fiel con su pueblo como tu Dios. Él te escucha independientemente de donde te encuentres, y perdona. ¿Qué otro ser humano te perdona sin importar lo que digas o hagas? ¿A quién perdonas de todas formas? ¿Qué hace posible semejante perdón?

....

....

....

....

....

¿De qué forma caminas delante de tu Dios incomparable con todo tu corazón y tu alma?

....

....

....

....

....

Cuando oras, ¿alabas a Dios, y le dices que no hay otro Dios como Él? ¿Cómo podría cambiarte el actuar así?

....

....

....

....

....

El buen Señor perdona

—— 2 Crónicas 30:1-20 ——

Cuando regresas a Dios, Él vuelve a ti. ¿En qué ámbitos de tu vida necesitas retornar a Él? ¿Qué sería necesario someterle a Él para que pudieras respirar más aliviada?

....

....

....

....

....

¿De qué forma influye tu vuelta al Señor, a la lectura de su Palabra y a la obediencia a Él en que su obra en tu vida sea más potente y poderosa, a la vez que más fácil y más apacible?

....

....

....

....

....

¿Cómo celebras el perdón de Dios por todos tus resbalones, tus actos erróneos y tus fallos?

....

....

....

....

....

Recuerda, Oh Señor, tu compasión

Dios te ha mostrado su compasión desde el principio. ¿Qué hechos erróneos rebeldes de tu juventud te hacen temblar ahora? ¿Cómo es saber que Dios los ha perdonado y olvidado?

....

....

....

....

....

¿De qué forma te ayuda el perdón de Dios de los resbalones anteriores a aprender y a crecer a partir de ellos? ¿Cómo podría impedir tu crecimiento espiritual si te quedas aferrada a ellos? ¿Por qué podría querer Dios perdonarte?

....

....

....

....

....

¿Cómo te ayudan las misericordias de Dios a ver la senda que Él ha puesto delante de ti? ¿De qué manera depende esta vista de tu elección?

....

....

....

....

Bienaventurados los perdonados

SALMO 32

Dios no solo perdona tu desobediencia, sino que la quita de la vista. ¿Has pensado alguna vez que ostentabas el récord de acciones erróneas? ¿Qué gozo te produce saber que Dios lo ha borrado todo?

....

....

....

....

....

....

Antes de que le confieses las cosas a Dios, Él ya estaba al corriente de todo. ¿Qué cosas no has confesado, ni siquiera a ti misma? ¿Cómo sería aclararlo todo con Dios —y, también contigo misma— respecto a todo?

....

....

....

....

....

¿Qué ventajas encuentras en confesar y ser perdonada?

....

....

....

....

....

Muéstranos tu misericordia

SALMO 85

Dios tiene la maravillosa costumbre de darle a su pueblo un nuevo comienzo. ¿De qué manera te exige el encontrar y aferrarte a un nuevo comienzo que estés segura del amor de Dios?

....

....

....

....

....

¿De qué formas te sorprendes regresando y repitiendo ofensas similares contra ti misma, contra Dios y contra los demás? ¿Cuánta importancia tiene la misericordia de Dios cuando sigues resbalando por el mismo camino antiguo?

....

....

....

....

¿Qué paz y perdón podría Dios intentar insuflar a tu corazón con solo escucharle?

....

....

....

....

Los abundantes perdones de Dios

ISAÍAS 55

¿Te aproximas a Dios con los oídos abiertos de par en par, dispuesta a escuchar sus directrices? ¿Y si lo convirtieras en tu prioridad número uno?

....

....

....

....

....

Como hija de Dios has heredado su promesa de derramar su amor infinito sobre ti. ¿Cómo sería tu día si mantuvieras esta idea presente en tu mente?

....

....

....

....

¿Qué consideras cuando entiendes que la Palabra de Dios sale, siempre lleva fruto y cumple su voluntad? ¿Qué palabras podría estar pronunciando Dios en tu vida ahora mismo?

....

....

....

....

....

Él se deleita en la misericordia

MIQUEAS 7

Aunque te encuentres en medio de la oscuridad, Dios provee la luz. ¿Cuándo te has sentido abatida y sola, y has pensado que no existe ni una persona sincera y atenta sobre la tierra? ¿Dónde encontraste la esperanza?

....

....

....

....

....

¿Esperas a Dios confiadamente, sabiendo que te sorprenderá ver lo que Él acaba haciendo o surgen tus dudas sobre Él a cada vuelta del camino, temerosa de que se haya olvidado o cansado de ti? ¿Qué tarea te sirve mejor a ti y a Dios? ¿Por qué?

....

....

....

....

....

¿Cómo te sientes sabiendo que Dios no solo tiene misericordia de ti, sino que se deleita al hacerlo?

....

....

....

....

....

Perdona nuestras deudas

MATEO 6:5-15

Dios quiere mantener una conversación cara a cara contigo, de corazón a corazón. ¿Dónde está tu lugar secreto de oración? ¿Cómo te sientes al entrar? ¿Cuándo sales? ¿Cuál es su bendición en tu vida?

....

....

....

....

....

¿De qué manera cambia tus oraciones al saber que Dios está al tanto de lo que necesitas realmente antes incluso de que empieces a pedirlo?

....

....

....

....

¿Has perdonado primero las deudas que otros tienen contigo, antes de pedirle a Dios que perdone las que tienes con Él? ¿Qué disonancia surge en tu vida cuando no olvidas?

....

....

....

....

....

Parábola del siervo inmisericorde

MATEO 18:15-35

Donde dos o tres creyentes en Jesús están reunidos, Él también está. Si estás teniendo problemas con perdonar a alguien de corazón por la cuadrigentésima nonagésima vez (490 veces), ¿qué podría suceder si le pidieras a alguien que orara contigo, no solo por la persona que necesita el perdón, sino también para obtener la fuerza de perdonarla?

....

....

....

....

¿Cómo podrías ser, en ocasiones, como el rey perdonador? ¿O como el siervo inmisericorde? ¿De qué manera juega un papel la paciencia? ¿Cuánta paciencia tiene Dios contigo?

....

....

....

....

¿Por qué razón debe ser tu perdón a los demás un prerrequisito para que Dios haga lo mismo contigo?

....

....

....

....

Derramamiento de sangre para la remisión de pecados

Jesús derramó su sangre para que Dios no solo perdonara tus resbalones, sino que también pudieras venir a Él y ser reconciliada con Él. ¿Qué pensamientos y sentimientos surgen cuando consideras esa verdad?

....

....

....

....

....

¿Cómo podría tu negativa a perdonar a alguien ser como una traición a Jesús, una falta de respeto por todo lo que Él ha hecho por ti? ¿A quién quiere Dios que perdones?

....

....

....

....

....

¿De qué manera derramas en los demás el asombroso amor que Jesús ha vertido en ti? ¿Cómo quiere Dios que ames?

....

....

....

....

Autoridad para perdonar

MARCOS 2:1-17

¿Cuán atrevida es tu creencia en el poder y la capacidad de Jesús para sanarte a ti y a los demás de las enfermedades y perdonar los pecados? ¿Cómo te ha recompensado a ti y a otros por esa valentía?

....

....

....

....

....

Dentro de su corazón y de su espíritu, Jesús conoce tu conversación interna, tus pensamientos y tus sentimientos en lo profundo de ti misma. ¿De qué forma sientes esa verdad? ¿Cómo podría la conciencia total de Jesús respecto a ti hacer que tú estés más al tanto de tu diálogo interior y de tus emociones?

....

....

....

....

....

¿De qué manera te ha llamado Jesús por imperfecta que puedas ser, para que le sigas?

....

....

....

....

Perdona y sé perdonada

¿Quiénes son tus enemigos? ¿Qué te ha dificultado amarlos y perdonarlos? ¿Qué cambio de actitud/perspectiva podría facilitar las cosas?

....

....

....

....

Jesús busca tu compasión hacia los demás. ¿Estás preparada, dispuesta y eres capaz de hacer el bien a aquellos que te odian? ¿Bendecir a los que te maldicen? ¿Orar por los que abusan de ti? ¿Permitir que otros te roben?

....

....

....

....

¿Cuán bien practicas la ley espiritual de obtener lo que das? ¿Cómo podría esto ayudarte a perdonar, dar, no juzgar, y mucho más?

....

....

....

....

Una mujer pecadora perdonada

LUCAS 7:36-50

Aunque pobre e impura a los ojos de los demás, esta pecadora se sentó a los pies de Jesús, besó sus santos pies, los enjugó con su cabello empapado en lágrimas, y lo ungió con un caro perfume. ¿Podrías hacer lo mismo? ¿Lo harás?

....

....

....

....

....

¿Quién podría burlarse de ti o protestar porque adores a Jesús de este modo, haciendo lo que puedas para amarle, independientemente de lo inusual y humillante de tus actos?

....

....

....

....

....

¿Cómo te ha salvado tu fe y te ha conducido a la paz?

....

....

....

....

....

Si se arrepiente, perdónale

———— LUCAS 16:19—17:4 ————

¿De qué manera, si es que la hay, te consuela la historia del hombre rico y Lázaro? ¿Cómo te convence de pecado?

....

....

....

....

....

....

....

Jesús quiere que perdones a tus ofensores cuando se disculpen, ¡aunque lo hagan siete veces al día! ¿Qué resentimientos podrías estar albergando contra personas que constantemente hacen algo contra ti, afirman sentirlo, y después hacen lo mismo otra vez? ¿Qué querría Dios que hicieras para establecer un puente entre este abismo de la falta de perdón? ¿Cómo podría proporcionarte libertad el actuar así?

....

....

....

....

....

....

....

....

Padre, perdónalos

LUCAS 23:26-43

Jesús declaró: «Padre, perdónalos, porque no saben lo que hacen». ¿Cuándo has considerado lo que otros están haciendo en tu contra, los actos que estaban cometiendo, las frases que estaban pronunciando y has repetido estas mismas palabras? ¿Cómo podría haberte proporcionado esto una pequeña idea de lo que Jesús experimentó y la extensión de su perdón a todas las personas, incluida tú?

....

....

....

....

....

....

....

¿Le has pedido a Jesús que te recuerde en el cielo a pesar de (o a causa de) tus resbalones?

....

....

....

....

....

....

....

Yo tampoco te condeno

JUAN 7:53—8:11

Jesús no solo te enseña por medio de la Palabra, sino a través de los acontecimientos de tu vida. ¿De qué manera se relacionan su Palabra y tu vida? ¿Qué lecciones estás aprendiendo?

....

....

....

....

¿En qué podrías estar equivocada cuando comparas tu buena conducta con el comportamiento no tan correcto de los demás? ¿Cómo te ves al compararte a Jesús y cómo se conducía Él?

....

....

....

....

¿A quién podrías estar acusando —mental o físicamente—, acosándolo, señalándolo con el dedo, en tu vida? ¿Cómo querría Jesús que respondieras y trataras a esa persona?

....

....

....

....

Para que puedan recibir el perdón

HECHOS 26:1-23

Dios promete resucitar a los muertos, amarte de forma exuberante para siempre, concederte los deseos de tu corazón, perdonar y olvidar todos tus pecados, etc. ¿En el cumplimiento de cuál de sus promesas radica tu esperanza?

....

....

....

....

....

¿De qué manera eclipsa la luz de Dios la tuya? ¿Adónde te ha conducido tu luz?

....

....

....

....

....

Dios te insta a que te conviertas en la persona que Él diseñó que fueras. ¿De qué manera te está protegiendo Él para que puedas cumplir su visión para tu vida?

....

....

....

....

Paz con Dios, vida eterna

ROMANOS 5

¿De qué modo te has sentido incapaz de ayudarte a ti misma y Cristo apareció en el momento justo para salvarte? ¿Qué te indica esto acerca de Dios, de su perdón y de su amor por ti?

....

....

....

....

....

....

El perfecto y el inocente, el justo y el compasivo Jesús murió por ti cuando todavía eras una pecadora, para reconciliarte con Dios, restaurar tu vida eterna, tu amor y tu amistad con tu Creador, el hacedor de tu mundo. ¿Qué pensamientos y sentimientos surgen cuando consideras esta verdad asombrosa, aunque innegable?

....

....

....

....

....

....

Perdona y consuela

2 CORINTIOS 2:1-11

Los que te hieren acaban dañándose más a sí mismos. ¿Cómo se ha demostrado esto en tu vida? ¿De qué manera no solo has perdonado, sino consolado, a personas que sufrían para que no desalentaran aún más?

....

....

....

....

....

¿Cómo te ayuda tu fe a ver más allá que los demás, a responder y no a reaccionar, a extender la mano y no a ignorar, a perdonar y no a estar resentida, a consolar y no a causar dolor?

....

....

....

....

....

¿De qué manera el perdonar a los demás con el amor de Cristo vence a los poderes y los planes malignos que te rodean?

....

....

....

....

....

Muerto en pecado, vivo en Cristo

EFESIOS 1:3—2:10

Una vez estuviste muerta en tus pecados, ¡pero ahora como creyente estas viva en Cristo! ¿Cómo te ayuda este hecho asombroso en tu percepción de los precristianos?

....

....

....

....

....

Ser salva no es algo que hayas ganado, sino que es por la gracia de Dios. ¿Cómo te ayuda saber esto a la hora de extender el don de tu gracia a los demás?

....

....

....

....

....

¿De qué manera te ha acercado más el perdón de Dios al ideal de la visión de Dios para ti, y te ha renovado de tal manera que puedas hacer lo que Él planeó que hicieras hace mucho tiempo?

....

....

....

....

Perdonarse los unos a los otros

——— EFESIOS 4:17–32 ———

La Palabra te alienta a dejar a un lado tu vieja naturaleza y a revestirte de la nueva. ¿De qué forma ha abierto tu mente la presencia de Cristo en tu vida y ha ablandado tu corazón, acercándote aún más a descubrir y convertirte en la persona que Dios pretendió que fueras?

....

....

....

....

....

¿Cómo te ayuda a perdonar más a los demás el permitir que el Espíritu cambie tus pensamientos, tus actitudes y tus perspectivas?

....

....

....

....

¿Cortan más tus palabras de lo que alientan, expresan enojo en lugar de paz, propagan amargura y confusión en lugar de perdón y comprensión?

....

....

....

....

....

Reconciliados por su muerte

—— COLOSENSES 1:3-23 ——

Cristo es la imagen visible de Dios, quien lo reconcilió todo consigo mismo, incluida tú. ¿Cómo cambia esto tu perspectiva de Dios? ¿Cómo podría modificar tu percepción de ti misma?

....

....

....

....

....

....

¿Qué seguridad tienes de estar ahora en la presencia de Dios, totalmente perdonada por medio de la muerte de Cristo, de poder comparecer ante Él sin marca ni borrón en tu expediente? De ser necesario, ¿qué puedes hacer para aumentar esa certeza? ¿Cómo te ayudará el actuar así a confiar más en Dios y fortalecer tu fe?

....

....

....

....

....

....

....

Como Cristo te perdonó

COLOSENSES 3:1-17

Ahora que has resucitado a una nueva vida en Cristo, Dios quiere que veas *su* realidad. ¿Qué podría suceder si pensaras más en las cosas celestiales que en las terrenales?

....

....

....

....

....

....

....

....

¿Cómo podrías estar intentando pelear en el lado oscuro de la vida por ti misma? ¿Cómo cambiaría tu vida si te revistieras de su paz y permitieras que esta gobernara en tu corazón? ¿Cuánta menos lucha contra el mal y dificultad en perdonar a otros podrías experimentar?

....

....

....

....

....

....

....

....

Mediadores de un Nuevo Testamento

HEBREOS 9:11—10:10

Cristo (el amado), tu Sumo Sacerdote, es el mediador entre tú (el creyente) y Dios (el hacedor de la bendición). ¿En qué estado se encuentra tu conciencia últimamente? ¿Podría haber algo previniendoviniendo entre tú y tu adoración sincera a Dios? ¿Qué te podría estar impulsando el Espíritu a poner a los pies de Jesús?

....

....

....

....

....

....

....

¿De qué manera te liberó el sacrificio de Jesús, que fue una vez y para siempre, y su mediación entre tú y Dios? ¿Cómo te ha inspirado? ¿Cómo te arrastra a un lugar de adoración eterna?

....

....

....

....

....

....

....

Nuestro gran Sumo Sacerdote

— HEBREOS 10:11-39 —

¿Qué pensamientos y sentimientos surgen cuando consideras a Jesús —tu Sumo Sacerdote, tu Salvador, tu Hermano y tu Amigo— sentado a la diestra de Dios en el cielo?

....
....
....
....
....

¿Qué ha abierto Dios para ti desde que empezaste a creer en Jesús? ¿En qué ámbitos te ha proporcionado Cristo una nueva actitud, perspectiva y comienzo?

....
....
....
....
....

Te esperan cosas mejores en el cielo y en la tierra. ¿Qué estás haciendo para mantener tu paciencia matizada de una sensación de gran expectativa, conforme sigues haciendo lo que Dios te ha llamado a hacer?

....
....
....
....

Paciencia y oración

¿Cómo podría transformar la paciencia tus oraciones y a la inversa? ¿Qué les ocurriría a ambas cosas si añadieras alabanza a tus conversaciones cara a cara con Dios?

....

....

....

....

....

¿Por qué cosas necesitas orar? ¿Por quién precisas orar? ¿Qué cosa o a quién trae el Espíritu a tu mente justo ahora?

....

....

....

....

....

Dios escucha las oraciones y sale con soluciones fuera del mundo. ¿De qué manera te vigoriza saber que muchas personas —incluidos los personajes bíblicos, las personas como tú— Dios ha contestado sus oraciones de formas milagrosas?

....

....

....

....

Confiesa tus pecados

1 JUAN 1:5—2:6

Confesar tus malas acciones y pensamientos aportan más de la luz de Dios a tu vida. ¿Qué podría Dios incitarte a confesar hoy?

....

....

....

....

¿Cómo podría facilitarte la confesión de tus pecados el perdonar o pedir perdón a otros, independientemente del tiempo que haga o de lo reciente que sean dichos errores?

....

....

....

....

¿Qué palabras de Dios están desafiando tu obediencia? Saber que Él es verdad, amor y luz ¿te inspiran a dejar a un lado tus reservas y hacer aquello que Él te insta a hacer? ¿Cómo?

....

....

....

....

....